Baedekers

FREIBURG

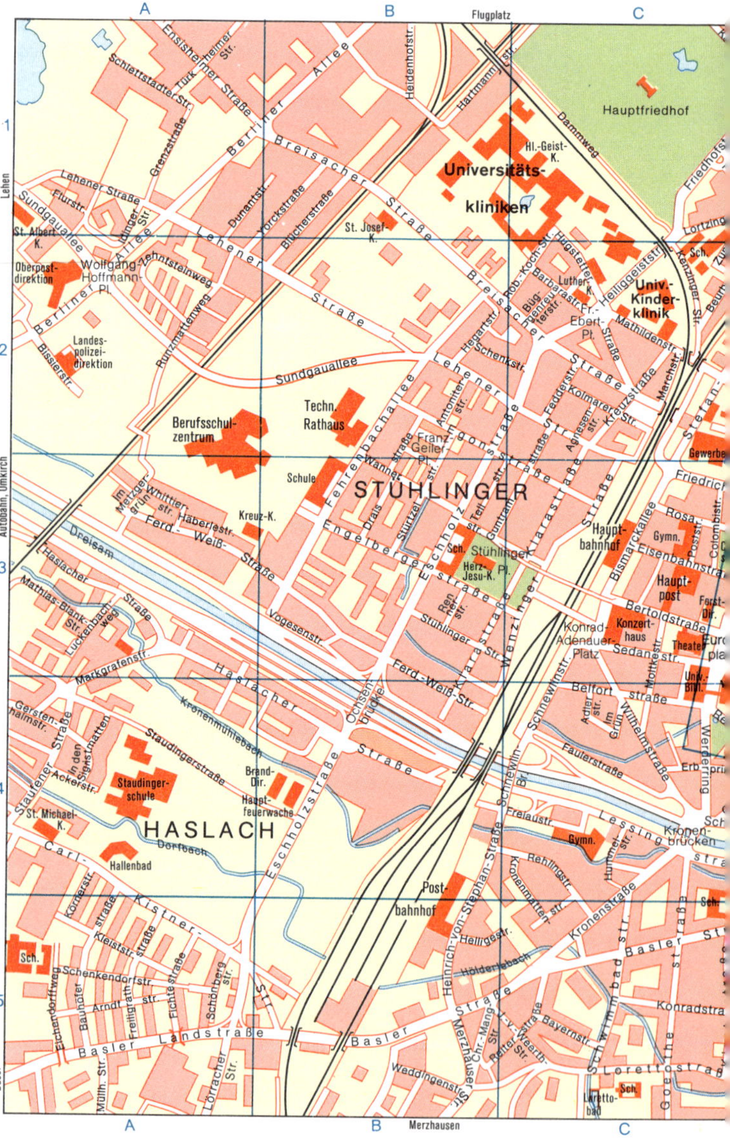

A
B
C
Flugplatz
1
2
3
4
5
Lehen
Autobahn, Umkirch
Basel
Merzhausen
Hauptfriedhof
Ensisheimer Str.
Türkheimer Str.
Schlettstadter Str.
Straße
Berliner Allee
Heidenhofstr.
Hartmann Str.
Dammweg
Grenzstraße
Breisacher Straße
Hl.-Geist-K.
Universitäts-
kliniken
Lehener Straße
Flurstr.
Sundgauallee
Elsässer Str.
Dunantstr.
Yorckstraße
Blücherstraße
St. Josef-K.
St. Albert K.
Oberpost-direktion
Wolfgang-Hoffmann-Pl.
Lehener
Lehnsteinweg
Runzmattenweg
Rob.-Koch-Str.
Hugstetter Str.
Barbarastr.
Luther-K.
Heiliggeiststr.
Univ.-Kinder-klinik
Kenzinger Str.
Friedhofstr.
Lortzingstr.
Sch.
Büg-genreuter-str.
Fr.-Ebert-Pl.
Mathildenstr.
Landes-polizei-direktion
Bissierstr.
Hegarstr.
Schenkstr.
Marchstr.
Sundgauallee
Techn. Rathaus
Berufsschul-zentrum
Antoniterstr.
Eggenstr.
Fehrenbachallee
Franz-Geiler-Pl.
Fröbelstr.
Colmarer Str.
Kreuzstraße
Agnesenstr.
Klarastraße
Guntramstraße
Stefan-Meier-Str.
Gewerbe
Friedrich
Schule
STÜHLINGER
Im Metzgergrün
Whittier-str.
Häberlestr.
Ferd.-Weiß-Straße
Kreuz-K.
Wannerstraße
Draisstr.
Stürtzelstr.
Tellstr.
Engelbergerstr.
Eschholzstraße
Sch.
Stühlinger Pl.
Herz-Jesu-K.
Haupt-bahnhof
Bismarckallee
Rosa.
Poststr.
Gymn.
Colombistr.
Eisenbahnstr.
Haupt-post
Forst-Dir.
Dreisam
Haslacher Straße
Mathias-Blank-Str.
Luckenbachweg
Vogesenstr.
Rennerstr.
Stühlinger Str.
Wenzingerstraße
Konrad-Adenauer-Platz
Konzert-haus
Bertoldstraße
Sedanstr.
Theater
Moltkestr.
Markgrafenstr.
Haslacher
Ferd.-Weiß-Str.
Belfortstraße
Univ.-Bibl.
Gerstenhalmstr.
Straße
In den Sigmatten
Kronenmühlebach
Ochsenbrücke
Schnewlinstr.
Adlerstr.
Im Grün
Wilhelmstraße
Werderring
Staudingerstraße
Straße
Faulerstraße
Erb
Brand-Dir.
Haupt-feuerwache
Eschholzstraße
Schnewlin-Br.
Staufener
Ackerstr.
Staudinger-schule
St. Michael-K.
HASLACH
Freiaustr.
Lessing
Kronen-brücken
Gymn.
Hummelstr.
Dorfbach
Carl-Kistner-
Hallenbad
Rehlingstr.
Kronenmattenstr.
Post-bahnhof
Körnerstr.
Kronenstraße
Heinrich-von-Stephan-Straße
Helligestr.
Kreuzstr.
Sch.
Hölderlebach
Basler Str.
Schwimmbadstr.
Schenkendorfstr.
Eichendorffweg
Baumhofer Str.
Freiligrathstr.
Arndtstr.
Fichtestraße
Schönbergstr.
Konradstraße
Basler Landstraße
Basler Straße
Merzhauser Str.
Chr.-Mang-Str.
J.-v.-Weerth-Str.
Reiterstraße
Bayernstr.
Weddingenstr.
Mülh. Str.
Lörracher Str.
Lorettostraße
Sch.
Loretto-bad
Goethestraße

STERNCHEN (*)
als Mittel zur Hervorhebung bedeutender Bau- und Kunstwerke.
Naturschönheiten, Aussichten
oder auch besonders guter Hotels und Restaurants
hat Karl Baedeker im Jahre 1844 eingeführt;
sie werden auch hier verwendet.

Besonders Beachtenswertes ist durch ein Sternchen (*),
in seltenen Fällen auch durch zwei Sterne (**) gekennzeichnet.
Karten und Pläne: *Christoph Gallus,* Hohberg.
Zeichungen: *Gerhardt Gronwald* (†),
Renate Liertz und *Katja Ungerer,* Stuttgart.

Titelbild: Freiburger Münster

Druck: Druckhaus Langenscheidt KG, Berlin-Schöneberg
Printed in Germany
ISBN 3-87954-010-1

Baedekers
FREIBURG

STADTFÜHRER
VON
KARL BAEDEKER

Mit 12 Karten und Plänen
und 34 Zeichnungen

KARL BAEDEKER
VERLAG

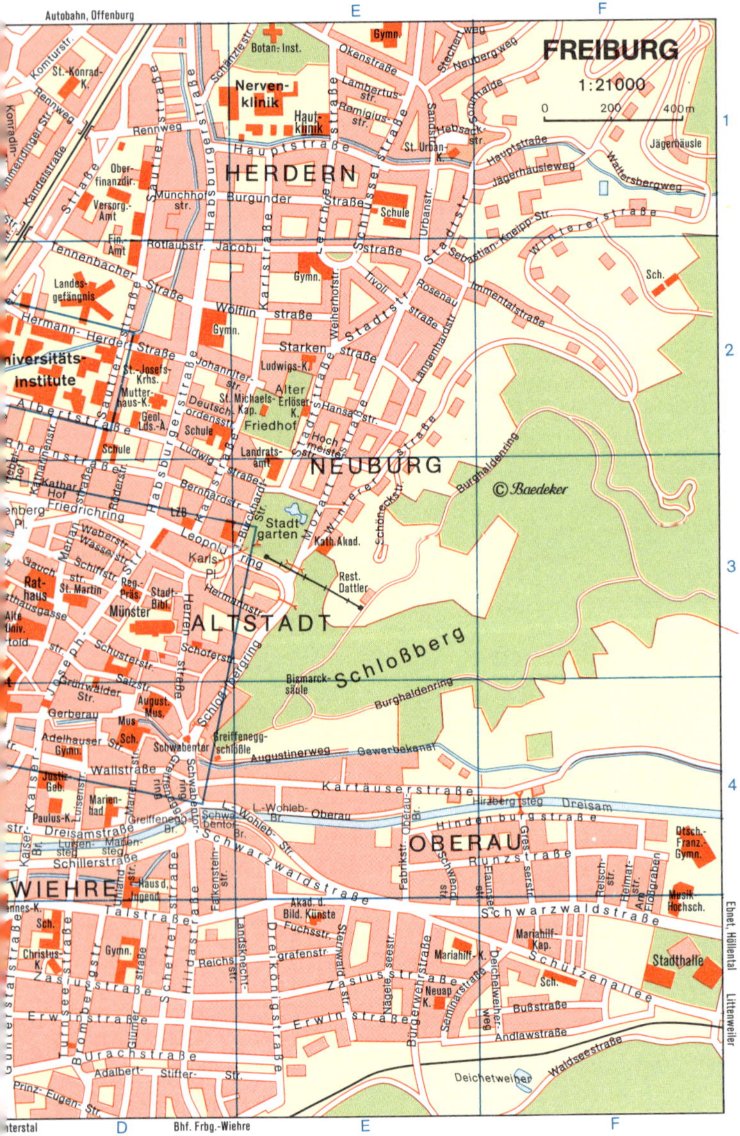
FREIBURG
1:21000
0 200 400 m
Autobahn, Offenburg
E
F
1
2
3
4
D
HERDERN
NEUBURG
ALTSTADT
OBERAU
WIEHRE
Schloßberg
Dreisam
Nerven-klinik
Haut-klinik
Botan. Inst.
Gymn.
Okenstraße
Lambertus-str.
Remigius-str.
Neubergweg
Stechertweg
Sonnhalde
Hebsack-str.
St. Urban-K.
Hauptstraße
Jägerhäusle
Jägerhäusleweg
Waltersbergweg
Wintererstraße
Sebastian-Kneipp-Str.
Immentalstraße
Sch.
St.-Konrad-K.
Komturstr.
Rennweg
Kandelstraße
Ober-finanzdir.
Versorg.-Amt
Fin.-Amt
Münchhof-str.
Burgunder Straße
Schule
Urbanstr.
Stadtstr.
Rotlaubstr.
Jacobistraße
Tennenbacher Straße
Landes-gefängnis
Wölfflinstraße
Karlstraße
Lerchenstraße
Schlüsselstraße
Weiherhofstr.
Tivoli
Rosenaustraße
Starkenstraße
Ludwigs-K.
Alter Erlöser-K.
Friedhof
Hansastr.
Hochmeisterstr.
Langenhardstr.
Hermann-Herder-Straße
Universitäts-institute
St.-Josefs-Krhs.
Mutterhaus-K.
Geol. Lds.-A.
Johanniterstr.
St. Michaels-Kap.
Deutschordensstr.
Albertstraße
Rheinstraße
Katharinenstr.
Kathar. Hof
Landrats-amt
Ludwigstraße
Habsburgerstraße
Mozartstraße
Schöneckstr.
Burghaldenring
© Baedeker
Friedrichring
Bernhardstr.
LZB
Stadtgarten
Kath. Akad.
Leopoldring
Karls-Pl.
Rest. Dattler
Rathaus
Rathausgasse
Alte Univ.
Weberstr.
Wasserstr.
Schiffstr.
St. Martin
Reg.-Präs.
Stadt-Bibl.
Münster
Hermannstr.
Herrenstraße
Schusterstr.
Salzstr.
Schoferstr.
Bismarck-säule
Burghaldenring
Grünwälder Str.
Gerberau
August. Mus.
Schloßbergring
Adelhauser Str.
Gymn.
Greiffenegg-schlößle
Augustinerweg
Gewerbekanal
Schwabentor
Wallstraße
Kartäuserstraße
Justiz-Geb.
Marien-bad
Paulus-K.
Hirzbergsteg
L.-Wohleb-Br.
Oberau
Greiffenegg-ring
Dreisamstraße
Schwabentor-Br.
Hindenburgstraße
Schwarzwaldstraße
Schillerstraße
Kaiser-Br.
Haus d. Jugend
Falkensteinstr.
Fabrikstr.
Gressserstr.
Runzstraße
Dtsch.-Franz.-Gymn.
Musik-Hochsch.
Talstraße
Akad. d. Bild. Künste
Fuchsstr.
Landsknechtstr.
Dreikönigstraße
Reichsstr.
Mariahilf-Kap.
Mariahilf-K.
Schützenallee
Stadthalle
Christus-K.
Nasiusstraße
Zasiusstraße
Nägeleseestr.
Neuap. K.
Bürgerwehrstraße
Seminarstraße
Deichelweiherweg
Bußstraße
Erwinstraße
Andlawstraße
Urachstraße
Waldseestraße
Deichelweiher
Adalbert-Stifter-Str.
Prinz-Eugen-Str.
Ebnet, Höllental
Littenweiler
Bhf. Frbg.-Wiehre

VORWORT

Freiburg liegt im südwestlichen Zipfel Deutschlands, im sogenannten „Dreiländereck", neben Frankreich und der Schweiz. Überragt vom gotischen Münster bietet Freiburgs Altstadt viel Atmosphäre und eine Reihe bedeutender Bauwerke. Die Universität und das äußerst rege internationale Kulturgeschehen sorgen für Lebendigkeit und Moderne zwischen den historischen Gemäuern.

Freiburgs Lage ist ideal: In weniger als einer Stunde erreicht man im Osten den Schwarzwald (selbst zu Fuß), im Süden durch das sanft hügelige Markgräflerland Basel, im Westen über den fast schon italienisch anmutenden Kaiserstuhl das französische Elsaß.

Freiburg wurde erstmals 1842 von Karl Baedeker (1801–59) in seinem „Reisehandbuch für Deutschland" beschrieben. Danach sind die Landschaftsbände „Rheinlande" und „Schwarzwald" der Entwicklung der Stadt mit immer neuen Beschreibungen gefolgt, bis Freiburg schließlich 1970 zu seiner 850-Jahr-Feier einen eigenen Band erhielt.

Bettina Kienlechner aktualisierte die vorliegende 9. Auflage. Für ihre Mitarbeit gedankt sei an dieser Stelle auch den städtischen Behörden und allen Freunden der Baedeker-Stadtführer, die uns durch Auskünfte und Anregungen geholfen haben.

Alle Angaben wurden sorgfältig überprüft. Bitte schreiben Sie an die Redaktion (Postfach 40 11 20, 80711 München), wenn Sie uns durch Berichtigungen und Verbesserungsvorschläge für künftige Auflagen unterstützen möchten.

Karl Baedeker Verlag

INHALT

PRAKTISCHE ANGABEN VON A–Z

GESCHICHTE UND GEGENWART

Stadtwappen. Lage 25
Klima. Kulturelles Leben 27
Wirtschaftsleben. Stadtgeschichte 28
Bedeutende Freiburger 34

STADTBESCHREIBUNG

Altstadtrundgang 1: Bertoldsbrunnen – Münster – Konviktstraße 39
Altstadtrundgang 2: Schwabentor – Augustinerplatz – Insel 53
Altstadtrundgang 3: Martinstor – Universität – Stadttheater 59
Altstadtrundgang 4: Colombipark – Rathäuser – Kartoffelmarkt 65

DIE ÄUSSEREN STADTTEILE

1. Der Norden: Neuburg, Herdern, Zähringen 72
2. Der Osten: Oberau, Waldsee, Ebnet 83
3. Der Süden: Wiehre, Günterstal, Schauinsland 88
4. Der Südwesten: Haslach, St. Georgen, Schönberg 94
5. Der Westen: Stühlinger, Mooswald, Landwasser, Hochdorf, Benzhausen, Bischofslinde, Betzenhausen, Lehen 98
6. Die Stadtteile am Tuniberg: Munzingen, Tiengen, Opfingen, Waltershofen 105

KARTEN UND PLÄNE

Stadtplan 2/3
Stadtteilkarte 26
Merianplan von 1644 ... 30/31
Altstadtplan 39
Münstervorhalle 46
Münster 49
Augustinermuseum 56
Martinskirche 69
Freiburg 1:100 000 ..... 74/75
Schloßberg 76
Alter Friedhof 77
Institutsviertel 80

PRAKTISCHE ANGABEN VON A–Z

An- und Abreise

Mit dem Auto: Über die Rheintalautobahn A 5 Karlsruhe–Basel, die Bundesstraße B 3 oder von Osten über die Bodenseeautobahn Stuttgart–Singen und das Höllental auf der B 31.
Mit der Bahn: Per Intercity im 1-Stunden-Takt von Norden und Süden, von Osten mit der Höllentalbahn Ulm–Freiburg. Mit dem Autoreisezug ab Hamburg/Bremen/Hannover ganzjährig, ab Düsseldorf/Köln Ostern, Sommer und Weihnachten bis ins nahe Lörrach; ab Berlin im Sommer und an Weihnachten direkt bis Freiburg. Reisezugauskunft, Tel. 1 94 19.
Mit dem Flugzeug: Über den EuroAirport Basel–Mulhouse–Freiburg (ca. 70 km), Air-Bus bis Freiburg Hauptbahnhof. Oder über Freiburgs eigenen Verkehrslandeplatz (bis 10 t), Tel. 07 61/50 96 26.

Ausflugsgaststätten (Ruhetage in Klammern)

Schloßberg: *Dattler* (Di), vom Stadtgarten aus in 2 Min. mit der Seilbahn oder in 10 Min. zu Fuß erreichbar, schöner Stadtblick.
Waltersberg: *Panorama-Hotel Mercure,* Wintererstr. 89, Hotelrestaurant mit Hallenbad, schöner Stadtblick.
Zähringen: *Waldrestaurant Zähringer Burg* (Mo).
Stadtwald: *St. Ottilien* (Mo), ganz von Wald umschlossen, Fahrstraße von der Kartäuserstr. aus, Wallfahrtsort; *Zum Stahl,* Kartäuserstr. 99.
Günterstal: *St. Valentin* (Mo), 2 km östlich im Wald von Günterstal, Studenten- und Ausflugsgaststätte; *Kybfelsen,* Schauinslandstr. 49; *Kühler Krug* (Mi, Do), Torplatz 1, gute Küche.
Horben (8 km südlich): *Engel* (Mi), gute Küche; *Luisenhöhe,* schön gelegen.
Schönberg (11 km südlich): *Schönberghof* (Mo), Landgasthof, Zufahrt über Merzhausen oder Ebringen.
Schauinsland (1284 m), über Günterstal oder über Oberried: Gasthöfe → S. 92.
Lehen: *Hirschen* (Do), Breisgauer Str., gute bürgerliche Küche mit Gartenwirtschaft.
Merzhausen: *Jesuitenschloß,* am Ortsanfang rechts abbiegen (ausgeschildert), schöne Lage.

Auskunft

Freiburg-Information, Rotteckring 14, Tel. 07 61/3 68 90-90, Fax 3 70 03, Juni–September Mo–Fr 9.30–20, Sa 9.30–17, So und feiertags 10–12 Uhr, Oktober–Mai Mo–Fr 9.30–18, Sa 9.30–14, So und feiertags 10–12 Uhr.
Presse- und Informationsamt der Stadt Freiburg, Rathausplatz 2–4, Tel. 07 61/2 01-13 10, Mo–Fr 8–12 Uhr.
Veranstaltungsprogramme: Freiburg aktuell (monatlich, kostenlos an der Freiburg-Information); Freiburger Wochenbericht (wöchentlich), Unterwerkstr. 5, Tel. 45 15 75; Freiburger Stadtkurier (wöchentlich), Talstr. 9, Tel. 7 04 04-0; Kultur-Joker (wöchentlich), Holbeinstr. 36, Tel. 7 20 72. Sämtliche Blätter liegen in Buchhandlungen und Gaststätten aus.

Autohilfe

ADAC Südbaden e. V., Am Karlsplatz 1 und Haslacher Str. 199, Tel. 36 88-0. Pannenhilfe, Tel. 0 18 02/22 22 22 (0–24 Uhr).

Autovermietung

InterRent-Europcar, Zähringerstr. 42, Tel. 51 51 00, nach telefonischer Vereinbarung auch Zustellservice am Bahnhof.

Bäder (Auswahl)

Freibäder: Lorettobad, Lorettostr. 51a (mit sep. Damenbad); Freibad St. Georgen, Am Mettweg 42; Hallenfreibad West, Ensisheimer Str. 9; Strandbad (geheizt), Schwarzwaldstr. 195.
Weitere Bademöglichkeiten in den Baggerseen Moosweiher (Landwasser), Silbersee, Tunisee Hochdorf, Tiengener See, Opfinger Regattasee und Niederrimsinger See.
Hallenbäder: Gartenhallenbad Haslach, Carl-Kistner-Str. 67, Sauna; Hallenbad Faulerbad, Faulerstr. 3, Sauna; Hallenbad im FT-Sportpark, Schwarzwaldstr. 181, Sauna; Hallenbad Lehen, Lindenstr. 4; Hallenfreibad West, Ensisheimer Str. 9, Sauna.
Medizinische Bäder: Panorama-Hotel Mercure, Wintererstr. 89, Tel. 51 03-0; Eugen-Keidel-Thermalbad (2 km westlich von St. Georgen), An den Heilquellen 4, Tel. 4 90 59-0; Kneipp-Sanatorium St. Urban, Seb.-Kneipp-Str. 13, Tel. 21 07-0; Waldkurbad am Möslepark, Waldseestr. 77, Tel. 7 75 70.

Behinderteninformation

Arbeiterwohlfahrt, Mobiler Sozialer Hilfsdienst, Tel. 44 52 32. *Malteser-Hilfsdienst*, Tel. 7 30 30.

Bibliotheken und Archive

Deutsches Volksliedarchiv (S. 90), Silberbachstr. 13, Mo–Fr 9–12 und 15–18 Uhr.
Stadtarchiv (S. 56) Grünwälderstr. 15, Mo–Fr 8–12, Mo, Di und Do 13–16, Mi 13–18 Uhr.
Stadtbibliothek (S. 42) Münsterplatz 17, Lesesaal Di–Do 10–18, Fr 10–19, Sa 10–13 Uhr.
Universitätsbibliothek (S. 65) Werthmannplatz 2, Mo–Fr 8–20, Sa 9–13 Uhr.

Bücher

Adam, Das Freiburger Münster; *Baumeister,* Freiburg – so wie es war; *Geiges,* Geliebte alte Stadt; *Geschichte der Stadt Freiburg* (3 Bde.); *Gombert,* Das Freiburger Münster; *Hart,* Das Freiburger Münster; *Hart,* Die künstlerische Ausstattung des Freiburger Münsters; *Hecht/Renner,* Freiburg; *Hug,* Das Freiburger Münster erzählt seine Geschichte; *Kalchthaler,* Freiburg und seine Bauten; *Krummer-Schroth,* Bilder aus der Geschichte Freiburgs; *Krummer-Schroth,* Glasmalereien aus dem Freiburger Münster; *Kunze,* Himmel in Stein – Das Freiburger Münster; *Mayer/Sauer/Kalchthaler,* Freiburg – ein Führer; *Müller,* Freiburger Mundart-ABC; *Pölzelbauer,* Freiburg ist mehr als Freiburg; *Dreier,* Die Albert-Ludwigs-Universität; *Schneider,* Impressionen – Freiburg im Breisgau; *Truöl,* Erlebnis Freiburg; *Vetter,* Freiburg – seine Sehenswürdigkeiten; *Vetter,* Freiburg in Trümmern 1944.
Für Kinder: *Pigorsch,* Bernhard im Freiburger Bächle.
Umgebung: *Büche,* Paradies am Oberrhein; *Geiges/Krummer-Schroth,* Oberrheinisches Mosaik. Der südliche Teil; *Schneider/Röhrl,* Zauberisches Dreisamtal; *Schneider,* Impressionen Breisgau-Hochschwarzwald; *Spiegelhalter,* Schwarzwald – Zauber einer Landschaft.

Cafés (Auswahl)

Im Stadtzentrum von Freiburg gibt es eine Vielzahl von Cafés, die empfehlenswert sind:
Domino, Konviktstr. 21; *Gartenlaube,* Gartenstr. 13; *Journal,* Universitätsstr. 3, Studententreff; *Kornhaus,* Münsterplatz 11; *Lienhart,* Salzstr. 11; *Mozart,* Habsburgerstr. 129; *Münstercafé,* Münsterplatz 15/Nordseite; *Reiß,* Kaiser-Joseph-Str. 221; *Ruef,* Kartäuserstr. 2, bei Studenten beliebt; *Schmidt,* Bertoldstraße 19a, Freiburger Spezialitäten; *Schwarzes Kloster,* Rathausgasse im Schwarzen Kloster, mit Freiterrasse; *Stehcafé am Martinstor,* verschiedene

Kaffeesorten; *Steinmetz,* Kaiser-Joseph-Str. 193, Freiburger Spezialitäten; *Uni-Café,* Niemensstr. 7.

Campingplätze

Möslepark, Alte Straße, Tel. 7 29 38; *Hirzberg*, Kartäuserstr. 99, Tel. 3 50 54; *St. Georg*, Basler Landstr. 62, Tel. 4 31 83; *Breisgauer*, bei der Autobahnausfahrt Nord, mit Strandbad, Tel. 0 76 65/23 46; *Tunisee*, Freiburg-Hochdorf, Tel. 0 76 65/22 49; *Kirchzarten*, 10 km östlich von Freiburg, mit Schwimmbad, Tel. 0 76 61/3 93 75.

Essen und Trinken

Die **Freiburger Küche** ist durch die lange Zugehörigkeit der Stadt zu Österreich und die Nähe zum Elsaß und der Schweiz beeinflußt: Teigwaren *(Spätzle/Knöpfle)* spielen eine große Rolle. Bei den Fleischgerichten werden Innereien wie *Leberle* oder *Nierle* liebevoll zubereitet. Ein *Schäufele* (gepökeltes Schulterblatt vom Schwein) wird gerne verzehrt. Zum Wein schmecken die Laugenbrezeln oder -stangen. Zum neuen Wein ißt man gern warmen Zwiebelkuchen oder auch frische Walnüsse. Im Mai/Juni ist Spargelsaison (Tuniberg). Man ißt Spargel mit *Kratzete* (zerpflückter Pfannkuchen) mit einer Sauce Hollandaise nach Art des Hauses.
Back- und Konditorwaren sowie selbstgemachte Pralinen sind in Freiburg von besonderer Güte und in mancherlei Spezialitäten *(Bobbele, Münsterspatzen, Münsterspitzen, Tannenzäpfle)* zu haben.
Bauern aus der Umgebung bieten auf dem Freiburger Wochenmarkt am Münsterplatz frisches Obst und Gemüse an. Die *lange Rote*, eine Bratwurst, ist für den Freiburger am Samstagmorgen fast obligatorisch. Neben den vielen zu empfehlenden Restaurants, die oftmals an bestimmten Tagen ‚ihr' typisches Gericht zubereiten, bieten die Markthalle und auch das sog. ‚Freßgäßle' beim Martinstor die Möglichkeit, kulinarische Spezialitäten zu kaufen und zu kosten.

Badische Weine werden in allen Freiburger Weinstuben und Restaurants ausgeschenkt. Man unterscheidet *Markgräfler*, einen leichten, trockenen Tischwein aus der sog. Markgrafschaft zwischen Freiburg und Basel, der meist aus Gutedeltrauben gekeltert ist, *Kaiserstühler* von dem vulkanischen Kaiserstuhlgebirge in der Freiburger Bucht (vorwiegend schwerer, säurearmer Ruländer, aber auch rubinroter, aromatischer Spätburgunder sowie aus gleichen Trauben gepreßter, blaßroter Weißherbst). Von den *Breisgauer Weinen* der Freiburger Bucht ist der bekannteste der *Glottertäler*, von dem es heißt, daß er eher in die Füße als in den Kopf geht. Weniger stark vertreten sind die vielfältigen *Ortenauer* aus der mittelbadischen Ortenau, die gute Rieslingweine und Rotweine *(Affentaler)* hervorbringt.

Auf Freiburger Boden ist der Weinbau schon im 12. Jh. urkundlich nachweisbar. Die Rebleute bildeten von 1450–1856 eine eigene Zunft, zunächst die stärkste unter den Freiburger Zünften; ihr Stadtviertel mit dem Zunfthaus ‚Zur Sonne' war die nördliche Vorstadt Neuburg. Heute ist der Weinbau in der Altstadt noch im Colombipark vertreten, wo auf ehemaligem Festungsgelände der sog. *Glaciswein* wächst. Das einstige Weinbauerndorf Herdern, heute Stadtteil, hat St. Urban, den Schutzheiligen der Rebleute, als Kirchpatron. Die eigentlichen Freiburger Weinberge sind vorwiegend im Besitz der Stiftungsverwaltung (z. B. Augustinerreben, Heiliggeistreben) und des staatl. Weinbauinstituts. Größere Rebanlagen finden sich noch am Waltersberg, Schloßberg, Lorettoberg, um das Jesuitenschloß bei Merzhausen und in St. Georgen an den Nordhängen des Schönbergs. Durch die Eingemeindung der Tuniberggemeinden Opfingen, Munzingen, Waltershofen und Tiengen ist der Stadt ein großes Weinbaugebiet zugewachsen. Seit neuestem ist auch die Universität unter die Rebleute gegangen: Sie baut Wein auf eigenen Rebhängen im Kaiserstuhl und am Schloßberg an.

Bier wird in Freiburg von der *Brauerei Ganter* (gegr. 1864, in der Wiehre) gebraut. Vom Kaiserstuhl kommt das ebenfalls verbreitete *Riegeler Bier* (gegr. 1834), aus dem Schwarzwald das Bier der *Staatsbrauerei Rothaus* (gegr. 1792 als Klosterbrauerei von St. Blasien) und das *Fürstenberg Bier* (gegr. 1705 in Donaueschingen).
→Ausflugsgaststätten, → Cafés, → Restaurants

Fahrradverleih

Radhaus, Münchhofstr. 4, Tel. 28 08 32.

Fundbüro

Bertoldstr. 52, Tel. 201-48 28, Mo–Fr 8–11.45, Mi 13.30–17 Uhr.

Galerien und Kunsthandel

Baumgarten, Mühlenstr. 2; *Ruta Correa,* Goethestr. 3; *Eberwein,* Gerberau 5a; *E-Werk,* Ferdinand-Weiß-Str. 6a; *Galerie & Art Leasing,* Guntramstr. 13; *Galerie 2000,* Rathausgasse 19; *Limmer,* Ma-

ria-Theresia-Str. 15; *Pro Arte,* Schwabentorplatz 6; *Puhze,* Stadtstr. 28; *Schneider,* Wilhelmstr. 17a; *Schwarzes Kloster,* Rathausgasse 48.
Außerhalb Freiburgs:
Galerie blau, Au, Dorfstr. 8; *Regio,* March, Dorfstr. 4; *Krohn,* Badenweiler, Hintere Aue; *Zimmermann,* Tiengen, Vogelsang 10.

Hotels

Freiburg hat etwa 4000 Gästebetten. In der Freiburger Altstadt gibt es eine Reihe guter, traditionsreicher Hotels. Wer etwas außerhalb des Stadtzentrums und auf der Höhe wohnen will, dem seien Günterstal, Horben oder der Schauinsland empfohlen. Die hier ausgewählten Hotels sind in Gruppen nach ihrer Lage und Preisklasse aufgeführt: Hotel[1] ab 180 DM, Hotel[2] 100 bis 180 DM, Hotel[3] 80 bis 120 DM für ein Einzelzimmer mit Dusche/Bad incl. Frühstück.

In der Innenstadt:
Colombi[1], Rotteckring 16, Tel. 2 10 60, Fax 3 14 10, 180 B., internationales Hotel mit Restaurant, Bar, gedeckter Terrasse und Tiefgarage, sehr gute renommierte Küche; *Dorint-Kongress Hotel*[1], Konrad-Adenauer-Platz 2, Tel. 38 89-0, Fax 38 89-1 00, 397 B., gute Küche, Hallenbad, Sauna, Tiefgarage; *Intercityhotel*[1], Bismarckallee 3, Tel. 38 00-0, Fax 3 80 09 99, 198 B.; *Panorama-Hotel Mercure*[1], Wintererstr. 89, Tel. 51 03-0, Fax 5 10 33 00, 145 B., mit Terrasse, Schwimmbad, Sauna, schöne Lage; *Zum Roten Bären*[1], Oberlinden 12, Tel. 3 87 87-0, Fax 3 87 87-17, 45 B., Deutschlands ältestes Gasthaus, seit 1387.
Hotel Barbara[2], Poststr. 4, Tel. 2 60 60, Fax 2 66 88, 38 B.; *Hotel Löwen*[2], Herrenstr. 47, Tel. 3 31 61, 32 B.; *Markgräfler Hof*[2], Gerberau 22, Tel. 3 25 40, Fax 3 79 47, 27 B., sehr gute Küche; *Novotel*[2], Am Karlsplatz, Tel. 3 85 10, Fax 3 07 67, 230 B., Kongreßräume; *Oberkirch's Weinstuben*[2], Münsterplatz 22, Tel. 3 10 11, Fax 3 10 31, 47 B., mit beliebter Weinstube und Freiterrasse am Münsterplatz; *Park-Hotel Post*[2], Eisenbahnstr. 35, Tel. 3 85 48-0, Fax 3 16 80, 80 B., garni; *Rappen*[2], Münsterplatz 13, Tel. 3 13 55, Fax 38 22 52, 42 B., mit Freiterrasse am Münsterplatz; *Victoria*[2], Eisenbahnstr. 54, Tel. 3 18 81, Fax 3 32 29, 93 B.
Hotel Alleehaus[3], Marienstr. 7, Tel. 38 76 00, Fax 3 46 32, 25 B.; *Hotel am Rathaus*[3], Rathausgasse 4–8, Tel. 3 11 29, Fax 28 65 14, 60 B.; *Hotel Kolpinghaus*[3], Karlstr. 7, Tel. 3 19 30, Fax 3 19 32 02, 175 B.; *Kreuzblume*[3], Konviktstr. 31, Tel. 3 11 94, Fax 2 68 36, 12 B.; *Schwarzwälder Hof*[3], Herrenstr. 43, Tel. 38 03-0, Fax 38 03-1 35, 74 B., gutbürgerliches Restaurant, Weinstube.

Außenbezirke:

Betzenhausen (3 km W): *Bischofslinde*[3], Am Bischofskreuz 15, Tel. 8 26 88, Fax 80 83 45, 53 B., garni.
Haslach (3 km W): *Helene*[3], Staufener Str. 46, Tel. 4 52 10-0, Fax 4 52 10 29, 60 B.
Horben (8 km S): *Hotel zum Engel*[3], Langackern 14, Tel. 2 91 11, 42 B.; *Luisenhöhe*[2], Horben, Tel. 29 69-0, Fax 29 04 48, 70 B., schöne Lage.
Kappel (8 km O): *Kreuz*[3], Großtalstr. 28, Tel. 6 20 55, Fax 6 47 93, 33 B., gute Küche.
Lehen (4 km W): *Bierhäusle*[3], Breisgauer Str. 41, Tel. 8 50 17, Fax 80 68 20, 63 B.
Littenweiler (5 km O): *Schwär's Löwen*[2], Kapplerstr. 120, Tel. 6 30 41, Fax 6 06 90, 139 B.
Oberau (3 km O): *FT-Sportpark-Hotel*[3], Schwarzwaldstr. 181, Tel. 3 11 52, Fax 3 11 54, 44 B.
Opfingen (12 km W): *Zur Tanne*[3], Altgasse 2, Tel. 0 76 64/18 10, Fax 0 76 64-53 03, 20 B., beliebt zur Spargelsaison.
Tiengen (10 km W): *Dorint Hotel*[1], An den Heilquellen 8, Tel. 4 90 80, Fax 4 90 81 00, 222 B., Behinderteneinrichtungen.
Schauinsland → S. 92.

Jahreskalender

Februar/März	Straßenfasnet in der Innenstadt mit Fasnetumzug am Rosenmontag.
März	Camping- und Freizeitausstellung in der Stadthalle und am Meßplatz.
	Freiburger Kulturbörse im Bürgerhaus Seepark.
Mai	St. Georgener Weintage.
	Frühjahrsmesse auf dem Meßplatz.
Juni	Zelt-Musik-Festival mit internationaler Musik von Klassik bis Jazz und Kleinkunst in einer kleinen Zeltstadt am Mundenhof (Lehen).
	Sommerserenaden im Hof des Kaufhauses (bis Sept.).
	‚Oberlindenhock' auf dem Münsterplatz.
Juli	Freiburger Weinfest.
	Orgelkonzerte im Münster (bis Sept., Di 20.15 Uhr).
	Fest an der Stadtmauer (Bierfest).
	Theaterfestival.
	Seenachtsfest im Seepark.

Juli/August	Rathaushof-Festspiele des Wallgrabentheaters im Rathausinnenhof.
August	Schloßberg Lichterfest. Freiburger Weinkost im Historischen Kaufhaus.
September	Jährlich wechselnd auf dem Messegelände: Handwerksmesse, Landwirtschaftsausstellung oder ‚Schalten und Walten'.
Oktober	Herbstmesse auf dem Meßplatz.
November	St.-Martinsumzug der Kinder mit Laternen zur St.-Martinskirche (11. 11.).
Dezember	Weihnachtsmarkt auf dem Rathausplatz.

Jugendherberge und Schullandheim: *Ottilienwiese,* Kartäuserstr. 151, Tel. 6 76 56, 375 B., geöffnet 7–23.30 Uhr; *Schullandheim Luginsland* auf dem Schauinsland, Tel. 0 76 02/2 40.

Kartenvorverkaufsstellen

Geschäftsstelle der Badischen Zeitung, Kaiser-Joseph-Str. 229, Tel. 49 64 67.
Städtische Bühnen, Bertoldstr. 46, Tel. 3 48 74.
Musikhaus Ruckmich, Bertoldstr. 7, Tel. 3 10 93.

Kinder

Lohnenswert ist ein Ausflug in das *Tiergehege Mundenhof* (S. 105). Der großzügig angelegte, aber überschaubare Zoo mit Ponyreiten ist besonders bei kleineren Kindern beliebt, da viele Tiere gefüttert werden dürfen.
Im *Wildpark Steinwasen* (S. 94) mit einheimischen Tieren gibt es auch eine Sommerrodelbahn. Die Öffnungszeiten variieren je nach Witterung, Auskunft, Tel. 0 76 71 / 4 51.
Wer seine Kinder besonders verwöhnen will, macht mit ihnen einen Tagesausflug in den berühmten, äußerst beliebten *Europa-Park* in Rust, einem Freizeitpark mit Wildwasserbahn, Delphinshow und vielen anderen Attraktionen (ca. 1 Stunde nördlich von Freiburg). Anfahrt über die A 5 Richtung Karlsruhe, Ausfahrt 58 Herbolzheim oder 57 Ettenheim, oder mit dem SBG-Bus, Auskunft Tel. 3 61 62. Geöffnet 30. März – 3. Nov. 9–18 Uhr, Auskunft Tel. 0 78 22 / 7 70.
Ein reichhaltiges kulturelles Angebot bietet das *Kinder- und Jugendtheater,* das *Galli-Theater* und das Figuren- und Puppentheater im *Vorderhaus* → Theater.

Kinos

Cinemaxx 0761/ Progr. 20281410 / Karten 20281400

Große Kinos findet man im Friedrichsbau, in der Passage zwischen Löwen- und Humboldtstraße (Martinstor) und in der Schwarzwald-City. Mit fünf Sälen ist das *Harmonie* das größte Kinocenter. Dort gibt es in der *Cinemathek* täglich um 22.30 Uhr Filmkunst und Klassiker zu sehen. Das *Podium in der Harmonie* bietet neben Filmen auch Kinderkino und kleinere Veranstaltungen.
Künstlerisch wertvolle Filme zeigt der *Kandelhof*, Kandelstr. 27. Auch das *Kommunale Kino* im Alten Wiehrebahnhof, Urachstr. 40, hat sich anspruchsvollen Filmen verschrieben.
Beachtenswert sind auch die Filmreihen des *AKA-Filmclubs* (KG II der Universität, HS 2006) Di und Do 20 Uhr und des *Astafilms* (HS 2004) Mo und Mi 20 Uhr (für Studenten).

Konzerte

Das nach modernsten akustischen und technischen Erkenntnissen errichtete *Konzerthaus* (Eröffnung Juni 1996) bietet ein reichhaltiges Programm an Konzerten. Neben vielen internationalen Gastkonzerten finden hier regelmäßig die Sinfoniekonzerte des Freiburger Philharmonischen Orchesters, des Sinfonieorchesters des Südwestfunks, die Oratorien des Freiburger Bach Chors, Konzerte des Freiburger Barock-Orchesters und der Zyklus der „Albert Konzerte“ statt.

Solistenkonzerte und *Kammermusik* im Paulussaal (1019 Pl.), Dreisamstraße und im Kaisersaal des Kaufhauses (298 Pl.) am Münsterplatz.
Serenaden im Kaufhaushof und im Augustinermuseum.
Orgelkonzerte im Münster (Juni bis September jeden Di 20.15 Uhr Konzerte bedeutender europäischer Organisten), in der Universitätskirche, der Johanneskirche, der Konradskirche, der Lutherkirche, der Christuskirche und in anderen Kirchen.
Promenadenkonzerte im Stadtgarten, im Seepark und im Eugen-Keidel-Mineralthermalbad von Mai bis September. Im Sommer lohnenswert sind die Matineen und Konzerte im Gartensaal des Schlosses Ebnet (Freiburg-Ebnet).
Etwas außerhalb, aber unbedingt empfehlenswert, sind die *Schloßkonzerte Bad-Krozingen,* bei denen Musik auf historischen Instrumenten dargeboten wird.
Jazzkonzerte im Jazzhaus, Schnewlinstr. 1.

Krankenhäuser

Universitätskliniken, Hugstetter Str. 55, Tel. 270-0; *Kinderklinik*, Mathildenstr. 1, Tel. 270-4301; *Hautklinik*, Hauptstr. 7, Tel.

270-6701; *Neurologische Uniklinik*, Hansastr. 9a, Tel. 270-5301; *Vergiftungsinformationszentrale*, Tel. 270-4361; *Dialyse-Station* (Uniklinikum), Tel. 270-2802; *Ev. Diakonie-Krankenhaus*, Wirthstr. 11, Tel. 130101; *Loretto-Krankenhaus*, Mercystr. 6, Tel. 7084-0; *St. Elisabeth* (Frauenklinik), Dreisamstr. 15 und 17, Tel. 3887-0; *St. Hedwig* (Kinderklinik) und *St.-Josephs-Krankenhaus*, beide Hermann-Herder-Str. 1, Tel. 27111.

Kulturinstitute

Carl-Schurz-Haus (S. 88), Deutsch-Amerikanisches Institut, Kaiser-Joseph-Str. 266, Lesesaal, Vorträge, Ausstellungen Mo–Fr 10–18 Uhr.

Deutsches Volksliedarchiv (S. 90), Silberbachstr. 13, Mo–Fr 9–12 und 14–17 Uhr.

Institut Français, Werderring 11, Lesesaal, Vorträge Mo–Fr 9–12 und 15–18 Uhr.

Rumänisches Forschungsinstitut, Uhlandstr. 7, Sammlung des 19. und 20. Jhs.; Gemälde und Graphiken, Mo–Fr 9–12 und 14–16, Mo und Mi 14–18 Uhr.

Nachtleben

Im Gegensatz zu dem reichhaltigen Kulturleben ist das Freiburger Nachtleben eher bescheiden. Das nachhaltigste nächtliche Erlebnis bietet sich wohl demjenigen, der vom Schloßberg auf das Lichtermeer des nächtlichen Freiburg hinunterschaut. Fast alle Betriebe schließen um 24 Uhr. Im folgenden eine Auswahl:

Diskotheken: *Agar,* Löwenstr. 8; *Caveau,* Oberlinden 8; *Drifter's Club,* Schnewlinstr. 3; *Parabel,* Universitätsstr. 3; *Sitis,* Kaiser-Joseph-Str. 244; *Subway,* Kaiser-Joseph-Str. 248.

Bars und Musikkneipen: *Cabana Topas Bar,* Fischerau; *Colombi,* Piano Bar, Am Colombipark; *Habana Club,* Grünwälderstr. 6; *Hemingway,* (im Hotel Victoria), Eisenbahnstr. 54; *Bei Henry,* Talstr. 56, *Blue Monday,* Waldseestr. 86; *Jazzhaus,* Schnewlinstr. 1; *Pfeife,* Konviktstr. 4; *Schinderhannes,* Schwabentorplatz 7; *Theater am Eck,* Baslerstr. 56; *Waldsee,* Waldseestr. 84.

Studentenkneipen: *Alter Simon,* Konviktstr. 43; *Café Einstein,* Klarastr. 29; *Dampfross,* Löwenstr. 7; *Feierling,* Gerberau 46; *Litfaß,* Moltkestr. 17; *Martin's Bräu,* Freßgäßle 1 (am Martinstor); *Mr. Pickwick,* Bertoldstr. 26; *Papalapub,* Moltkestr. 30; *Rattenspiegel,* Engelberger-Str. 37; *Uni-Café/Rauchfang,* Niemensstr. 7; *Warsteiner Galerie,* Milchstr. 9; *Werkstatt,* Schwarzwaldstr. 117 (Galeriekneipe); *Zille-Stube,* Kartäuserstr. 54.

Naherholung

Wer weder Sport betreiben, noch wandern oder baden möchte, wer Entspannung vom kulturellen Angebot sucht, der hat genügend Auswahl an Freizeitmöglichkeiten.
Besonders empfehlenswert sind der aus der Landesgartenschau 1986 hervorgegangene Seepark im Westen der Stadt, der lehrreiche Botanische Garten der Universität in der Schänzlestraße und der Alte Friedhof in Herdern, eine Oase der Ruhe unter alten Bäumen.
Über Grillplätze, Spielplätze und Parks informiert die Freiburg-Information.

Notdienste

Funkstreife/Unfall/Überfall, Tel. 1 10.
Polizei, Tel. 8 82-1.
Feuerwehr, Tel. 1 12.
Ärztliche Notrufzentrale-Leitstelle, Tel. 8 09 98 00.
Rettungsleitstelle (Notarzt) DRK Rettungswache, Tel. 1 92 22.
Bergwacht, Tel. 49 33 33.
Krankenhaustransport, Tel. 2 66 00, 1 92 22.

Öffentliche Verkehrsmittel

Busse und Straßenbahnen: Zwischen Stadtmitte (Bertoldsbrunnen, C 3) und den Außenbezirken verkehren Straßenbahnen und Busse bis 24 Uhr. Einzel-, Mehrfahrten- sowie familienfreundliche Netzkarten mit 24, 48 oder 72 Stunden Geltungsdauer sind beim Fahrer bzw. bei den offiziellen Verkaufsstellen der Freiburger Verkehrs AG (Hauptverkaufsstelle am Bertoldsbrunnen) zu erhalten. Besonders günstig ist die „Regio-Karte", eine Monatskarte, mit der alle öffentlichen Verkehrsmittel der Stadt Freiburg und der beiden angrenzenden Landkreise benutzt werden können. Fahrplan-Auskunft, Tel. 45 11-5 00. *Omnibusbahnhof* für Bahn- und Privatbusse am Hauptbahnhof. Busauskunft, Tel. 3 61 62.

Seilschwebebahnen: Schauinslandbahn (1284 m): Mit der Straßenbahnlinie 4 nach Günterstal-Endstation. Dort Zubringeromnibus zur Talstation (30 Min. Abstand). Berg- und Talfahrten DM 18 für Erwachsene, für Kinder bis einschließlich 6 Jahre DM 8. Auskunft Talstation, Tel. 2 92 93-0; Wetteransage Schauinsland, Tel. 1 97 03.
Schloßbergseilbahn (E 3): Stadtgarten-Restaurant Dattler, 3 Min., Auskunft Tel. 3 98 55.

Öffnungszeiten

Augustinermuseum (S. 55), Augustinerplatz, Di–Fr 9.30–17, Sa und So 10.30–17 Uhr.

Botanischer Garten (S. 81), Schänzlestr. 9–11, täglich 10–18 Uhr, Gewächshäuser Di, Do, Sa 10–12 und 14–16 Uhr.

Kleines Stuckmuseum, Liebigstr. 11, Sammlung zur Kunst der Stukkaturen, Mo–Fr 13–18, vormittags sowie Sa und So nach Vereinbarung.

Kleine Galerie (Augustinermuseum), Di–So 10–17 Uhr (Wechselausstellungen).

Münster Unserer Lieben Frau (S. 44), Besichtigungszeiten Mo–Sa 10–18, So 13–18 Uhr (nicht während der Gottesdienste); auch Führungen. Turmbesteigung: Mo–Sa 10–17, So 13–17 Uhr.

Münsterbauhütte (S. 52), Di, Do 8–12 Uhr, nach Voranmeldung Tel. 3 34 32.

Museum für Naturkunde (S. 58), Gerberau 32, Di–Fr 9.30–17, Sa und So 10.30–17 Uhr.

Museum für Neue Kunst (S. 57), Marienstr. 10a, Di–Fr 9.30–17, Sa und So 10.30–17 Uhr.

Museum für Stadtgeschichte im Wenzingerhaus (S. 44), Münsterplatz 30, Di–Fr 9.30–17, Sa und So 10.30–17 Uhr.

Museum für Ur- und Frühgeschichte (S. 67), Colombischlößle, Di–Fr 9.30–17, Sa und So 10.30–17 Uhr.

Museum für Völkerkunde (S. 58), Gerberau 32, Di–Fr. 9.30–17, Sa und So 10.30–17 Uhr.

Planetarium (S. 72), Friedrichstr. 51, Vorführungen Di und Fr 19.30, Mi 15 Uhr und nach Voranmeldung Tel. 27 60 99.

Puppenmuseum (S. 108), Raiffeisenstr. 11, Opfingen, Mi, Fr, Sa, So und feiertags 14–18 Uhr.

Tiergehege Mundenhof (S. 105), Freiburg-Lehen, Besichtigung und Ponyreiten täglich bis Einbruch der Dunkelheit.

Zinnfigurenklause (S. 53), im Schwabentor, Historische Dioramen und Zinnfiguren, Mai bis Okt. Di–Do 14.30–17, Fr 17.30–19.30, Sa und So 12–14 Uhr.

Zunfthaus der Breisgauer Narrenzunft (S. 70), Turmstr. 14, Masken und Narrenkostüme (‚Häs'), Sa 10–14 Uhr, Voranmeldung Tel. 2 26 11.

Parkhäuser

Karlsplatz, 680 Pl., durchgehend geöffnet; *Parkhaus am Martinstor*, Rempartstr. 6, 80 Pl.; *Konzerthaus*, Konrad-Adenauer-Platz, 950 Pl.; *Rotlaub-Garage*, Habsburger Str. 90, 102 Pl.; *Rotteckgarage*, 290 Pl.; *Schloßbergring*, 370 Pl.; *Schwabentor-Garage*, Leo-Wohleb-

Brücke, 280 Pl.; *Schwarzwald-City,* Schiffstraße, 500 Pl.; *Volksbank,* Bismarckallee 10, 80 Pl.; *Zähringer Tor,* Bernhardstr. 2, 100 Pl.

Post

Telefon-Vorwahl: 07 61.
Hauptpost (C 3), Eisenbahnstr. 58, Mo–Fr 8.30–18.30, Sa 8.30–14 Uhr. Zuschlagspflichtige Schalter auch abends und am Sonntag geöffnet.

Restaurants

Neben den erwähnten, oft sehr empfehlenswerten Restaurants der → Hotels nennen wir eine Auswahl bewährter Häuser. Der abgekürzte Wochentag in der Klammer bezeichnet den Ruhetag.

In der Innenstadt:
Dattler, Schloßbergrestaurant (Di), Am Schloßberg 1, zu Fuß oder mit der Seilbahn zu erreichen; *Greiffenegg-Schlößle* (im Winter Mo), Schloßbergring 3, zu Fuß nach kurzem Aufstieg oder per Lift zu erreichen; *Großer Meyerhof* (Mo u. Di), Grünwälderstr. 7; *Kleiner Meyerhof* (So im Juni–August), Rathausgasse 27, beliebt; *Ratsstüble* (Sa ab 15 Uhr, So), Universitätsstr. 4, gutbürgerlich, bei Freiburgern beliebt; *Tessiner Stuben* (So), Bertoldstr. 17, mit Gartenwirtschaft und guter Küche; *Zur Traube* (So, Mo bis 18 Uhr), Schusterstr. 17, kleine altbadische Weinstube mit empfehlenswerter Küche.

Vegetarisches Angebot:
Busse's Waldschänke (So), Waldseestr. 77; *Salatgarten* (So), Löwenstr. 1; *Salatstuben* (So), Schwarzwald-City, Schiffstr. 5–7; *Schwär's Löwen,* Kappler Str. 120; *Tessiner Stuben* (So), Bertoldstr. 17.

Ausländische Küche:
Chinesisch: *Hongkong,* Auf der Zinnen 10; *Mandarin,* Oberlinden 4; *Bambusgarten,* Konviktstr. 33.
Italienisch: *Wolfshöhle* (So), Konviktstr. 8, gehobene Preisklasse; *Roma,* Kaiser-Joseph-Str. 225; *Milano,* Schusterstr. 7.
Griechisch: *Dimitra,* Eisenbahnstr. 47; *Irodion,* Kaiser-Joseph-Str. 263.

Weinstuben:
Engler's Weinkrügle (Mo), Konviktstr. 12; *Karcher's Weinstube,* Eisenbahnstr. 43; *Oberkirch's Weinstube* (So), Münsterplatz 22.

Sport

Freiburg bietet eine überreiche Auswahl an Sportmöglichkeiten. In der durchgrünten Stadt am Fuße des Schwarzwaldes kommt der Wanderer genauso auf seine Kosten wie der ambitionierte Freizeitsportler.
Über 100 Sportvereine bieten fast genauso viele verschiedene Sportarten zum Zuschauen und Mitmachen an. Im Winter ist man per Seilbahn, Bus oder Bahn in kürzester Zeit im Schwarzwald, der mindestens für drei Monate „Ski und Rodel gut" melden kann.
Stadien: Dreisamstadion (Sportclub Freiburg), Schwarzwaldstr. 193, 23 000 Zuschauerplätze; Mösle-Stadion (Freiburger FC), Waldseestr. 75, 18 000 Zuschauerplätze; Universitätsstadion mit Turnhalle und Sporthallen, Schwarzwaldstr. 175/177; Freiburger Sportpark (Freiburger Turnerschaft von 1844, FT), Schwarzwaldstr. 181/183, mit Burda-Halle, Schauenberghalle für Rollsport, Hallenschwimmbad, Tennisplätzen und anderen Sportanlagen; Jahn-Stadion, Schwarzwaldstr. 187/189.
Informationen durch das Sportamt der Stadt Freiburg, Tel. 2 01-23 02, oder die Freiburg-Information, Tel. 3 68 90-90.
Eislauf und Eishockey: Eissporthalle, Ensisheimer Str. 1, 5500 Zuschauerplätze (im Winter Eislaufen für jedermann).

Flugsport: Flugplatz, Hermann-Mitsch-Str., Luftaufsichtsstelle, Tel. 50 96 26; Breisgauverein für Luftfahrt e. V. (Motorflug, Tel. 07 61/50 05 50; Segelflug, Tel. 0 76 66/20 04; Fallschirmsport, Tel. 07 61/50 98 78).

Frei- und Hallenbäder → Bäder.

Golf: Freiburger Golfclub e. V., 18-Lochplatz, Kirchzarten, Krüttweg 1, Tel. 0 76 61/55 69.

Minigolf: Möslestr. 12; Freiburg-Landwasser, am Moosweiher; PTSV Jahn, Schwarzwaldstr. 189; Am Schloßberg; Freiburg-Zähringen, Hinterkirchstr. 5; Freiburg-Tiengen, Am Breisgau-Hotel.

Pferdesport: Reitclub 99, am Mundenhof, Tel. 80 00 12, Reitclub Junghof e. V., Reitanlage Großtalstr. 101, Tel. 6 58 68.

Rollsport: Schauenberghalle, FT-Sportpark, Schwarzwaldstr. 181, Tel. 3 62 86 (mit Roller-Disco).

Squash: Am Mettweg 3, Tel. 49 90 88; Ensisheimer Str. 5, Tel. 8 34 04; Am Rohrgraben 3 (Frbg.-Merzhausen), Tel. 40 20 55.

Tennis: Hettlage Freizeit-Center, Am Mettweg 3, Tel. 49 90 88; Panorama-Hotel Mercure, Wintererstr. 89, Tel. 5 10 30; Freiburger Tennisclub e. V., Schwarzwaldstr. 179, Tel. 3 36 77; Freiburger Turnerschaft von 1844 e. V., Schwarzwaldstr. 181, Tel. 3 62 86; PTSV Jahn, Schwarzwaldstr. 189, Tel. 3 03 10; Tennisclub Rot-Weiß Freiburg e. V., Hammerschmiedstr. 27, Tel. 7 19 44; Tennisanlage Bohny, Ensisheimer Str. 5, Tel. 8 34 04; TSV Alemannia, Frbg.-Zähringen, Hinterkirchstr. 21, Tel. 5 29 93.

Tischtennis: Tischtennishalle im FT-Sportpark, Schwarzwaldstr. 181, Tel. 3 62 86.

Waldsportpfade: Waldsee-Sternwald (ca. 2,5 km); Hirzberg-Immental (ca. 3,1 km); Mooswald (ca. 2,7 km); Seehau (ca. 2,5 km).

Windsurfen: Auf dem Opfinger Baggersee.

Wintersport: Skisport, Skiclub Freiburg, Salzstr. 9. – Skiverleih: Sporthaus Kiefer, Schützenallee 9, Tel. 7 34 44.

Stadtrundgänge

Stadtrundgänge, Münster- und Kunstführungen sowie Ausflugsfahrten in den Schwarzwald, die Schweiz und das Elsaß bietet die Freiburg-Information, Rotteckring 14, Tel. 3 68 90-90 an. Ausflugsfahrtenprogramm auf Anforderung.

Theater

Das Stadttheater, Bertoldstr. 46, weist 4 Bühnen unter einem Dach auf: das *Große Haus* mit 1064 Plätzen für Oper, Operette, Ballett, klassisches und modernes Schauspiel; das *Podium* (261 Plätze), eine kleine Experimentierbühne für moderne Stücke; das *Kammertheater* (99 Plätze) bietet modernes Schauspiel und das *Theatercafé* (99 Plätze) Kabarett und Kleinkunst. Kassenstunden des Stadttheaters, Tel. 3 48 74, Mo–Fr 9–13 und 14.30–17.30, Sa 9–13 Uhr.
Seit 1953 werden im renommierten *Wallgraben-Theater* (96 Plätze), einer Studiobühne im Keller des Neuen Rathauses, vor allem literarische Bühnenstücke gespielt, Rathausgasse, Tel. 2 56 56.
Die *Alemannische Bühne* (214 Pl.) mit ihren Mundartstücken hat ihren Sitz in der Inselgaststätte, Gerberau 15, Tel. 3 92 29.
Studentenbühnen spielen im Saal oder im Hof der Alten Universität und in den Studentenwohnheimen.

Neugründungen der letzten Jahre sind das *Kinder- und Jugendtheater,* Marienstr. 4 (200 Pl.) und das *Galli-Theater,* Haslacher Str. 15 (99 Pl.).
Kleinbühnen: Theater am Eck, Basler Str. 56; Alter Wiehrebahnhof, Urachstraße; Theater am Martinstor, Kaiser-Joseph-Str. 237; Vorderhaus, Habsburgerstr. 9; KIEW (Kammerspiele im E-Werk), Ferdinand-Weiß-Str. 6a.

Taxis

Taxi-Zentrale Tel. 4 44 44. Hauptstandplätze am Hauptbahnhof, Bertoldsbrunnen, Martinstor/Kaiser-Joseph-Straße, Humboldtstraße, Rotteckring (bei der Freiburg-Information).

Zeitungen

Tageszeitungen: *Badische Zeitung* (Freiburg); *Schwarzwälder Bote* (Oberndorf); *Südkurier* (Konstanz).
Sonstige Zeitschriften: *Freiburger Forum* (vierteljährlich, aus Stadt und Hochschulen); *Regio-Magazin* (monatlich, regionales Zeitgeschehen); *Freiburger Sportmagazin* (monatlich, Regionalsport); *Trio* (vierteljährlich, literarisch, Mundart); *Freiburger Wochenbericht,* Unterwerkstr. 5 (wöchentlich); *Freiburger Stadtkurier,* Talstr. 9 (wöchentlich).

GESCHICHTE UND GEGENWART

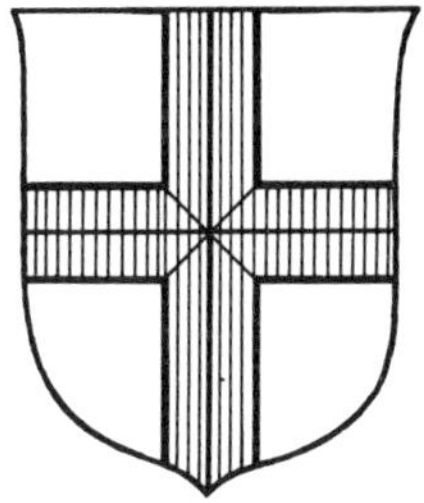

Das **Stadtwappen,** das ein rotes Kreuz in weißem Feld, also die österreichischen Farben zeigt, taucht zuerst 1386 auf dem Freiburger Banner in der Schlacht bei Sempach auf. Das schon 1218 eingeführte Stadtsiegel zeigt drei Türme über der Stadtmauer mit drei offenen Toren. Darauf zwei Wächter, die das Harsthorn blasen, daneben als Zeichen der Freiheit zwei Sterne. – Der Rabenkopf, eigentlich ein Adlerkopf und das Wappen der Grafen von Freiburg, ist das Zeichen der wichtigsten vom 14. bis 17. Jh. in Freiburg geprägten Münzen, der sog. ‚Brisgauer' oder ‚Rappen'.

Partnerstädte sind Besançon/Frankreich (seit 1959), Innsbruck/Österreich (seit 1963), Padua/Italien (seit 1967), Guildford/England (seit 1979), Madison/USA (seit 1988), Matsuyma/Japan (seit 1988), Lwiw/Ukraine (seit 1990) und Granada/Spanien (seit 1991).

Lage. Freiburg im Breisgau (270 m), die alte Münster- und Universitätsstadt, ist das kulturelle Zentrum des von der Natur so gesegneten Breisgaues und das Tor zu dem sommers und winters vielbesuchten Südschwarzwald. An Schönheiten und Vorzügen der natürlichen Lage kann es sich mit jeder anderen Stadt Deutschlands messen: von Osten her wird es durch die tannendunklen Höhen des Schwarzwaldes umschlossen, zwischen denen die Dreisam in die Rheinebene eintritt, nach Westen hin öffnet sich die weite Freiburger Bucht, hinter der in leichter Silhouette der Kaiserstuhl und die Vogesen auftauchen. Die Stadt selbst, beherrscht von dem großartigen Münster, ist mit ihren vielen alten Bäumen und lustigen ‚Bächle' überall mit der wein- und obstspendenden Landschaft aufs innigste verwoben. Das Klima ist mild, abends durch den talwärts streichenden ‚Höllentäler' aufgefrischt.

Die Altstadt, bewußt frei von Hochhäusern gehalten, lehnt sich an den unmittelbar nördlich der Dreisam vorspringenden Schloßberg an. Dem klimatisch besonders begünstigten Westrand des Schwarzwaldes folgen nach Norden zu die Stadtteile Neuburg, Herdern und Zähringen, nach Osten ins Dreisamtal hinein liegen der alte große Stadtteil Wiehre, dann Waldsee und Littenweiler, Ebnet und Kappel. Nach Süden zu liegt im engen Bohrertal nur

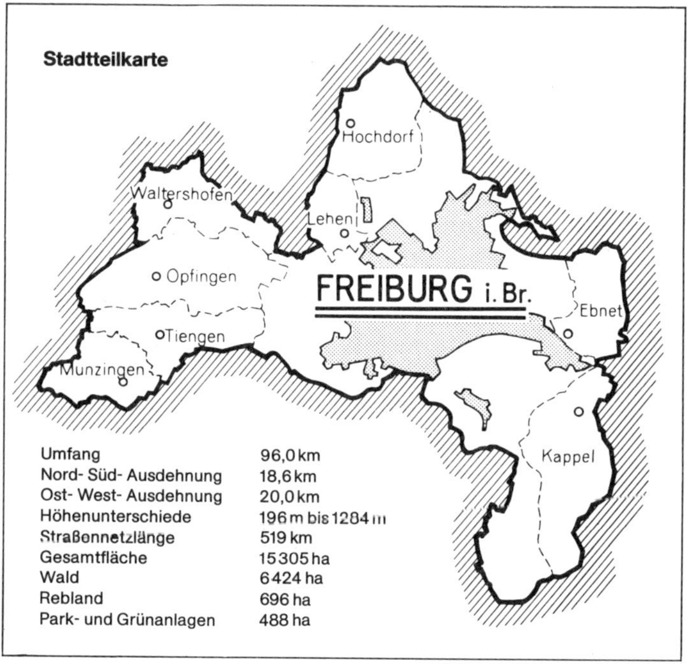

Umfang	96,0 km
Nord-Süd-Ausdehnung	18,6 km
Ost-West-Ausdehnung	20,0 km
Höhenunterschiede	196 m bis 1284 m
Straßennetzlänge	519 km
Gesamtfläche	15305 ha
Wald	6424 ha
Rebland	696 ha
Park- und Grünanlagen	488 ha

Günterstal, von dem sich die Stadtwaldungen zum Schauinsland hinaufziehen. Im Südwesten erstreckt sich der große, dörfliche Stadtteil St. Georgen, dessen Weinberge zum Schönberg hinaufreichen. Den von den flachen Schotterflächen der Dreisam gebildeten Westen nehmen die 7 Stadtteile Stühlinger, Haslach, Betzenhausen, Lehen, Weingarten, Landwasser und Hochdorf ein. Jenseits des Mooswaldes liegen am Tuniberg Munzingen, Tiengen, Opfingen, Waltershofen.
Seit der Gebietsreform hat sich Freiburg weit ausgedehnt. Durch die Zugewinne an Ortschaften in der Rheinebene reicht die Freiburger Gemarkung am weitesten Punkt bis auf 3 km Entfernung an die französische Grenze heran. Der höchste Punkt ist der Schauinsland, mit 1284 m Höhe der ‚Hausberg' der Stadt.
Freiburg wird vom 48. Grad nördlicher Breite durchzogen.
Die Stadt hat rund 198 000 Einwohner, davon sind 50% katholisch, 29% evangelisch. Der Ausländeranteil beträgt ca. 12%.

Klima. Die Lage Freiburgs in der geschützten Oberrheinebene, in die mittelmeerische Warmluft durch die burgundische Pforte eindringt, bringt ein ungewöhnlich warmes Klima mit sich. Der Durchschnitt der Jahrestemperatur liegt bei 10°, am wärmsten ist es mit 19,2° im Juli. Die meisten Sommertage mit mehr als 25° genießt man im Juli (14,4) und im August (11,7). Frost tritt zwischen Ende Oktober und Mitte April auf. Da die von Westen aufziehenden Wolken sich am Schwarzwaldrand stauen und abregnen, ist der Niederschlag mit jährlich 920 l/qm an 131 Tagen recht hoch. Im Winterhalbjahr liegt die Stadt bei Hochdruckwetter häufig unter Dunst und Nebel, während die Schwarzwaldhöhen Sonne und Fernsicht bieten, bis Wetteränderung den Kältesee im Rheintal verwirbelt. Eine Besonderheit bei den Freiburger Winden, die meist aus Südwest, aber auch aus Nordost blasen, ist der Höllentäler. Er bringt in Sommernächten die ersehnte Abkühlung vor allem in der Wiehre und der Freiburger Altstadt. Der Höllentäler entsteht, indem die Luft über dem Schwarzwald gegen Abend schneller abkühlt als die der Rheinebene. Da sie dabei auch schwerer wird, sinkt sie ab und strömt ins Höllental, das Zartener Becken und das Dreisamtal. Dieses Tal verengt sich zwischen Schloßberg und Brombergkopf, so daß sich die kalten Lüfte durch diesen Trichter zwängen müssen und bis zu 35 km/h schnell werden.

Kulturelles Leben. Freiburg ist Sitz des Regierungspräsidiums von Südbaden, Erzbistum seit 1827 und wird stark durch die Universität mit ihren derzeit 24 000 Studenten bestimmt. Ferner bestehen seit 1948 eine Staatliche Musikhochschule mit ca. 1000 Studenten, eine Pädagogische Hochschule mit 4000 Studenten, zwei konfessionelle Fachhochschulen für Sozialpädagogik mit rd. 1500 Studenten und eine Staatliche Meisterschule für Bildhauer und Steinmetzen. Freiburg ist Sitz eines Sport-Leistungszentrums. Durch die Abteilung für Sport- und Leistungsmedizin, die Sporttraumatologische Spezialambulanz und das Institut für Sport und Sportwissenschaft der Universität ist Freiburg zu einem Mekka der Leistungssportler geworden. Neben den Universitätsinstituten (S. 80) prägen die Max-Planck-Institute für Immunbiologie sowie für Ausländisches und Internationales Strafrecht, die Fraunhofer-Institute, das Goethe-Institut, das Öko-Institut und viele weitere Einrichtungen die Freiburger Forschungslandschaft.

Der Bedeutung Freiburgs als Aussstellungs-, Tagungs- und Sportstadt trägt neben der Stadthalle ab 1996 vor allem das neue Konzerthaus Rechnung. Mit seinen technisch aufwendigst ausgestatteten Konzert- und Tagungssälen stellt es eine große Bereicherung für Freiburgs Musikleben dar. Das Stadttheater gehört zu den führenden Bühnen des Südwestens. Kulturgeschichte und Naturkunde sind in fünf Museen gut vertreten. Die Volkshochschule und die Universität mit dem „Studium Generale" bieten den Bürgern ein reichhaltiges kulturelles Angebot.

Die Stadt hat 171 Schulen, darunter 18 Gymnasien. 14 Krankenhäuser und das große Universitätsklinikum (2000 Betten) mit seinen vielen Spezialkliniken sichern die Krankenversorgung.

Wirtschaftsleben. Derzeit arbeiten ca. 111 000 Beschäftigte in 9100 nichtlandwirtschaftlichen Betrieben. Die Arbeitslosenzahl liegt landesweit über dem Durchschnitt. Mit etwa 10 000 Beschäftigten ist die Universität der größte Arbeitgeber. Etwa 80% der Arbeitnehmer sind im Dienstleistungsgewerbe tätig, im verarbeitenden Gewerbe arbeiten etwa 16%.

Die Industrie tritt im Stadtbild nicht auffällig in Erscheinung, da sie vorwiegend in einem Industriegelände im Nordwesten und im Süden der Stadt konzentriert ist. Die Schwerpunkte liegen in den Bereichen Chemie (Rhodia, Chemiefasern), Pharmazie (Gödecke und Farmitalia), Feinmechanik (Fritz Hellige & Co., Registergeräte für Medizin und Technik; Litef, Navigationsgeräte) und Elektrotechnik (Intermetall, Halbleiterbauelemente).

Etwa 40 Verlage sind in Freiburg ansässig, darunter der Herder-Verlag, größter katholischer Verlag Europas, Rombach & Co. (Badenia), Haufe (Betriebswirtschaft) und Schillinger (Badenia). Einen wesentlichen Wirtschaftsfaktor stellt der Fremdenverkehr dar: Über 600 000 Übernachtungen werden jährlich gezählt, mehr als ein Viertel sind ausländische Gäste. Hinzu kommen über 170 000 Übernachtungen in Jugendherbergen und auf Campingplätzen.

Stadtgeschichte

Unter den Herzögen von Zähringen, 1120–1218. Ende des 11. Jahrhunderts gründeten die Herzöge von Zähringen zur Sicherung des wichtigsten Straßendreiecks in ihrem Territorium die festen Plätze Freiburg, Offenburg und Villingen. Zu Füßen ihrer Burg auf dem Schloßberg hatte sich an den Dreisamwehren die Siedlung Wiehre entwickelt, die sich durch ihre Lage am alten

Schwarzwaldhandelsweg von Schwaben nach dem Elsaß für den Ausbau als Markt- und Handelsstadt besonders eignete. Freiburg wurde von dem regierenden Herzog Berthold III. († 1122) und seinem Bruder Konrad, dem Besitzer des Grund und Bodens, nach festem Plan angelegt und im Jahre 1120 mit Stadtrechten versehen. Die verkehrsgünstige Lage, die Marktrechte und die reichen Silbervorkommen im Schwarzwald sicherten ihr bald eine beherrschende Stellung im Breisgau, der seinen Namen nach der Römersiedlung Breisach (Brisiacum) trägt. Der ‚Brisger', ein in Freiburg geprägter Silberpfennig, genoß bald Ansehen, und schon um 1200 konnte man den Bau einer spätroman. Stadtpfarrkirche, des Münsters, beginnen, in dem der 1218 gestorbene vierte und letzte Zähringer, Berthold V., beigesetzt wurde.

Unter den Grafen von Freiburg, 1218–1368. Nach Aussterben der Zähringer folgten als deren Erben die Grafen von Urach, die sich Grafen von Freiburg nannten. Unter ihnen wurden der Münsterbau gotisch fortgeführt und Klöster in der aufblühenden Stadt eingerichtet. Die Stadt wurde aber auch in die unglückliche Reichspolitik des Grafen zugunsten Ottokars von Böhmen hineingezogen und konnte den dadurch geschwächten Herrschern 1293 eine neue, die Zünfte begünstigende Stadtverfassung abringen. Die durch Fehden verarmten Grafen mußten Freiburg Münzregal und Bündnisfreiheit zugestehen, gerieten schließlich mit den Bürgern, die die Burg zerstörten, aber dann doch besiegt wurden, in offenen Kampf. 1368 schließlich kaufte Freiburg sich von den Grafen los und unterstellte sich freiwillig dem Hause Habsburg.

Unter dem Haus Habsburg, 1368–1805. Bei der Habsburgischen Länderteilung 1379 wurden Herzog Leopold III. die sog. österreichischen Vorlande mit Freiburg zugesprochen. Freiburg vergrößerte sich, seine Edelsteinschleiferei wurde berühmt, jedoch wurde es in den Kampf Habsburgs gegen die Eidgenossenschaft verwickelt, wobei 1386 in der Schlacht bei Sempach fast der gesamte breisgauische Adel auf dem Schlachtfeld blieb, der im Stadtregiment dann nie wieder zum Zuge kam. Freiburg wurde im 15 Jh. Oberhof in der Rechtsprechung vieler Städte und spielte bald eine führende Rolle im oberrheinischen Rappenmünzbund. Durch Gründung einer Universität gab Erzherzog Albrecht VI. der Stadt 1457 auch einen geistigen Auftrag zwischen den älteren

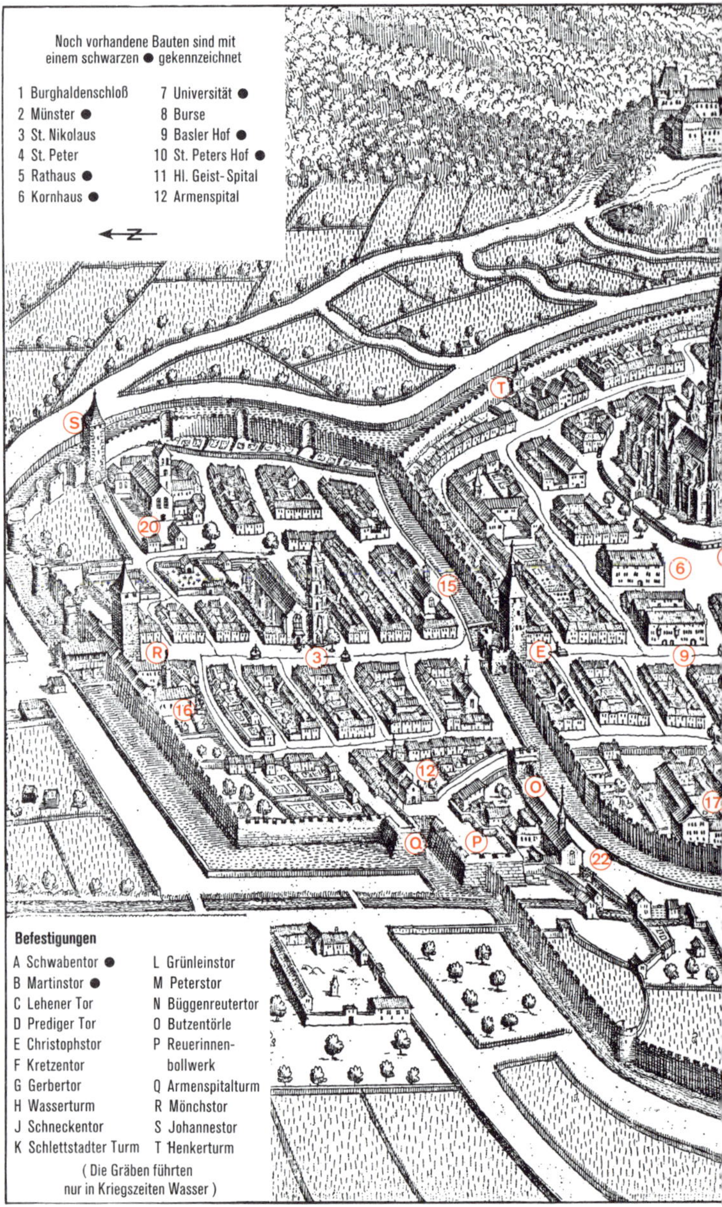

Nach dem Kupferstich aus Matthäus Merians Topographia Alsatiae 16-

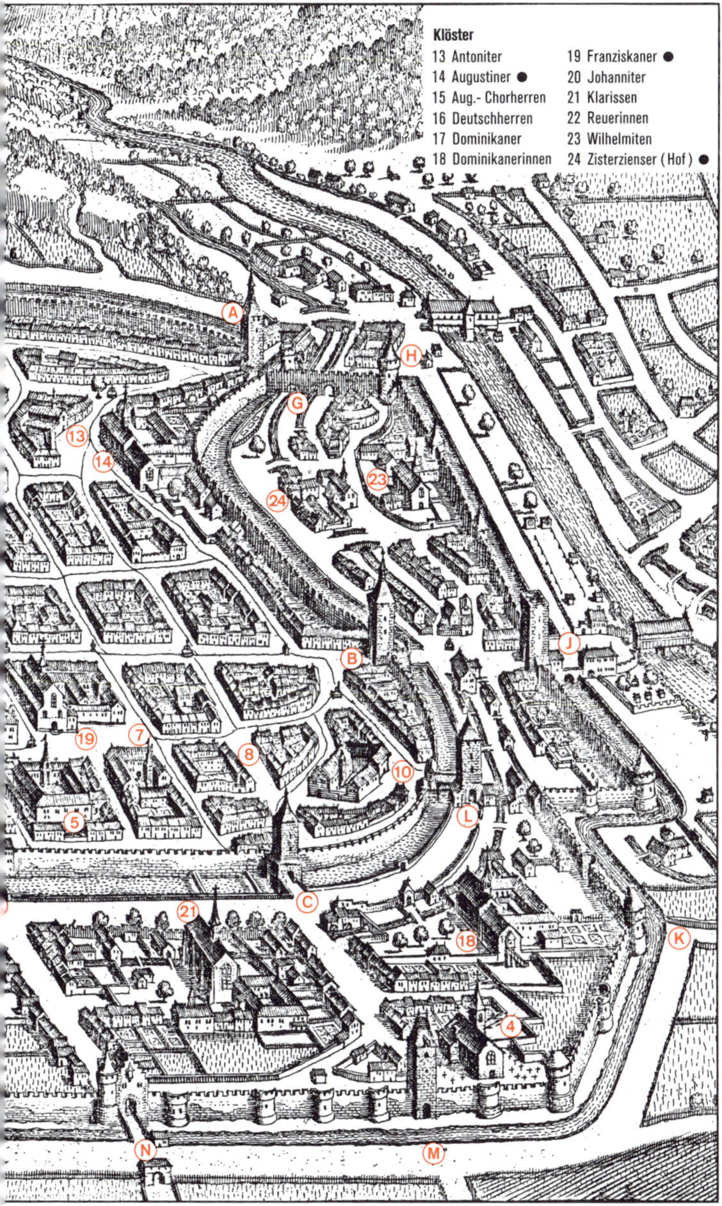
Klöster
13 Antoniter
14 Augustiner ●
15 Aug.- Chorherren
16 Deutschherren
17 Dominikaner
18 Dominikanerinnen
19 Franziskaner ●
20 Johanniter
21 Klarissen
22 Reuerinnen
23 Wilhelmiten
24 Zisterzienser (Hof) ●
A
H
G
13
14
23
24
B
J
19
7
8
10
5
L
C
K
21
18
4
N
M

Nachbarstädten Basel und Straßburg. Das Münster hatte seinen herrlichen Turm schon seit 1280, der Chor wurde 1513 vollendet. Die Vorliebe Kaiser Maximilians I. (1493–1519) für die Hauptstadt des Breisgaues brachte Freiburg manche Vorteile, darunter ein neues Kaufhaus, ein Kornhaus, einen Reichstag (1498) in seinen Mauern und das Recht, Goldmünzen zu prägen. Die Reformation gewann so wenig Anhang, daß 1590–1648 das Basler Domkapitel in Freiburgs Mauern Zuflucht nehmen konnte.
Nachdem Freiburg schon im 30jährigen Krieg schwere Belagerungen zu ertragen hatte, wurde es in der Folgezeit als Hauptfestung des vorderösterreichischen Gebietes voll in den Machtkampf mit Frankreich einbezogen. Die Habsburger hatten nach Verlust ihrer elsässischen Besitzungen Freiburg 1651 zur Hauptstadt ihrer vorderösterreichischen Lande gemacht. 1677 wurde es von den Franzosen erobert und bis 1697 in eine imponierende Festung verwandelt, der die Vorstädte zum Opfer fielen. Die gerade modern befestigte Stadt kam im Frieden von Ryswijk (1697) zurück an Österreich, wurde aber 1714 und 1744 wiederum von Frankreich erobert und die Festungswerke 1745 von den Franzosen beim Abzug samt dem Schloß völlig zerstört.
In der 2. Hälfte des 18. Jhs. zählte Freiburg nur noch 3000 Einwohner und verarmte. An der Universität waren zeitweise weniger als 100 Studenten immatrikuliert. Große Ereignisse waren der Besuch der Kaisertochter Marie Antoinette im Jahre 1770 und Kaiser Josephs II. im Jahre 1777. Während der Franz. Revolution flüchteten viele franz. Adelige nach Freiburg, das 1796 vorübergehend von den Revolutionstruppen eingenommen wurde. Im Frieden von Lunéville 1801 fielen der Breisgau und die Ortenau an den Herzog von Modena, doch blieb der Sitz der Landesregierung bis 1805 in Freiburg.

Im Großherzogtum Baden, 1805–1918. Auf Verlangen Napoleons wurde der Breisgau 1805 von Österreich an das neugeschaffene Großherzogtum Baden abgetreten, wodurch die Stadt nach rund 600 Jahren wieder von einem Zweig des Hauses Zähringen regiert wurde. Da Baden zu Napoleons Verbündeten zählte, war Freiburg während der Freiheitskriege auf Frankreichs Seite, hatte schwere Kontributionen zu leisten und wurde 1813/14 Schauplatz eines Treffens des Kaisers von Österreich, des Zaren und des Königs von Preußen. Freiburg sank in den Status einer kleinen Landstadt zurück, die Universität wurde beinahe geschlossen, das Wirtschaftsleben stagnierte. 1818 bestätigte der badische Staat, daß die Freiburger Hohe Schule erhalten blieb. 1827 wurde Freiburg zum Sitz eines Erzbischofes bestimmt; das alte Bistum

Konstanz wurde aufgelöst. 1832 erhielt die Stadt weitgehende Selbstverwaltung. 1845 wurde es an das Eisenbahnnetz angeschlossen. In der Revolution von 1848/49 wurde die Stadt Schauplatz heftiger Kämpfe der Aufständischen mit den preußischen Truppen, die schließlich Sieger blieben.

In der 2. Hälfte des 19. Jahrhunderts nahm Freiburg einen bedeutenden Aufschwung und wuchs über den alten Festungsring hinweg. Mit der Reichsgründung setzte ein Zuzug norddeutscher Studenten an die Freiburger Universität ein, die bald (1885) ihren 1000. Studenten feiern konnte. Die Dörfer der Umgebung Freiburgs wurden von 1890 bis 1914 eingemeindet und die Stadt wurde bevorzugter Wohnsitz von Pensionären und Ruheständlern. Die größte Blütezeit war die Ära des Bürgermeisters Winterer. Der Erste Weltkrieg machte dem Großherzogtum Baden und dem Wohlstand der Stadt zunächst ein Ende.

Im 20. Jahrhundert. Durch die Abtretung des Elsaß lag Freiburg wieder im Grenzland in der entmilitarisierten Zone und kam dadurch für Industrieansiedlungen kaum in Betracht. Hingegen begann nun Freiburgs Rolle als Weinbauzentrum Badens. Die Parolen des Nationalsozialismus fanden auch in Freiburg Gehör, wenn auch Hitler im Jahr 1932 ein enttäuschender Empfang bereitet wurde. 1933 wurde Freiburg Großstadt, 1938 das Stadtgebiet um St. Georgen erweitert. Im Zweiten Weltkrieg blieb die Stadt zunächst von Bombenangriffen fast ganz verschont bis auf einen irrtümlichen Angriff der eigenen Luftwaffe im Jahr 1940 und dem britischen Großangriff am Abend des 27. November 1944, bei dem in 20 Minuten fast die gesamte Innenstadt zerstört wurde und ca. 2700 Tote zu beklagen waren. Am 21. April 1945 erfolgte die Besetzung durch die Franzosen. 1947–52 war Freiburg Sitz der Landesregierung von Baden, dann erfolgte die Eingliederung in das neugeschaffene Bundesland Baden-Württemberg. Der Wiederaufbau wurde unter möglichster Einhaltung des traditionellen Stadtbildes durchgeführt (1978 goldene Medaille). Das ständige Wachstum der Bevölkerung führte zum Bau neuer Großsiedlungen, Industriegebiete wurden erschlossen. 1957 feierte die Universität ihr 500jähriges Bestehen. Freiburg gehörte 1960–70 zu den am stärksten wachsenden Großstädten Deutschlands. 1971–74 wurde das Stadtgebiet durch die Eingemeindung von acht Dörfern erheblich erweitert. Seit 1983 verbindet die Stadtbahn die westlichen Stadtteile mit dem Stadtkern. Die letzte Einheit der Französischen Garnison verließ 1992 nach 47jähriger Präsenz die Stadt. 1995 feierte Freiburg den 875. Jahrestag der Stadtgründung.

Bedeutende Freiburger

Diese Liste orientiert in chronologischer Folge kurz über das Lebenswerk von 33 Männern, die in Freiburg gewirkt haben oder dort geboren sind.

Bertold Schwarz, *unbekannt, †1388 in Prag durch Hinrichtung, mit bürgerlichem Namen wohl Konstantin Anklitzen. Entdeckte die Sprengkraft überhitzter Gase und entwickelte Hochdruckwaffen. Als ‚Bertoldus Niger' einige Zeit als Mönch im Franziskanerkloster untergetaucht, vor dem ihm als ‚Erfinder des Schießpulvers' 1853 ein Denkmal gesetzt wurde.

Konrad Stürzel von Buchheim, *1440 in Kitzingen, †1509 in Freiburg. Professor an der Universität, Diplomat und als Hofkanzler Maximilians I. 1491 geadelt. Erbauer des heutigen Basler Hofes.

Jakob Villinger, *1484 in Schlettstadt, †1528 in Freiburg. Kleinbürgerlicher Herkunft, 1504 zum Ritter geschlagen und seit 1510 ‚Schatzmeister Kaiser Maximilians in Deutschen Landen'. Erbaute für sich das prächtige Haus ‚zum Walfisch'.

Udalrich Zasius (eigentlich Ulrich Zäsy), *1461 in Konstanz, †1535 in Freiburg. Humanist und Rechtslehrer. Gilt als der berühmteste Vertreter des juristischen Humanismus und als der erste Rechtslehrer Deutschlands, der eine Schule bildete. Seit 1496 Rektor der Lateinschule, ab 1506 Professor und Rechtskonsulent der Stadt, für die er das Stadtrecht von 1520 schuf.

Johann Geiler v. Kaysersberg, *1445 in Schaffhausen, †1510 in Straßburg. Seit 1478 Domprediger in Straßburg, Sittenprediger von außerordentlicher Wirkung, Professor und Rektor an der Universität Freiburg.

Gregor Reisch, *um 1467 in Balingen, †1525 in Freiburg. Theologe und Philosoph, 1503–25 Prior des Kartäuserklosters. Ratgeber und Beichtvater Kaiser Maximilians, Verfasser der ‚Margarita philosophica', einer Enzyklopädie, die 1503 in Straßburg gedruckt wurde.

Christian Wenzinger, *1710 in Ehrenstetten, †1797 in Freiburg. Sohn eines Müllers, Bildhauer, Maler und Baumeister. Hauptmeister des Spätbarocks und Rokoko im Breisgau. Taufe und Wandgrab im Münster, sein Haus am Münsterplatz, Schloß Ebnet; Ausschmückung der Stiftskirche in St. Gallen.

Johann Georg Jacobi, *1740 in Düsseldorf, †1814 in Freiburg, Schriftsteller. Von 1784 an Professor der Schönen Wissenschaften in Freiburg, konvertierte zum Katholizismus. Anakreontischer Lyriker nach franz. Mustern, doch mit echter poetischer Stimmung. Bevorzugtes Ziel des Spottes von Goethe und dem ‚Sturm und Drang'.

Bartholomä Herder, *1774 in Meersburg, †1839 in Freiburg. Buchhändler. Sein 1801 in Meersburg gegründeter Verlag arbeitete von 1808 an in Freiburg, wo er einen großen Aufschwung nahm, besonders auch durch kartographische Werke, und unter den Söhnen zum größten katholischen Verlag Europas heranwuchs, mit Zweigstellen im Ausland.

Karl von Rotteck, * 1775 in Freiburg, † 1840 daselbst. Geschichtsschreiber und Politiker, führender Vertreter des radikalen Liberalismus im Landtag. Suchte die Ideen der franz. Revolution auf Baden zu übertragen. Schrieb Allgemeine Geschichte (1812–18), Allgemeine Weltgeschichte (1835), Enzyklopädie der Staatswissenschaften (1834–43).

Franz Josef von Buß, * 1803 in Zell am Harmersbach, † 1878 in Freiburg. Dr. der Philosophie, des Rechts und der Medizin, Professor in Freiburg. Behandelte 1837 als erster in einem deutschen Parlament (Bad. Landtag) die soziale Frage, also lange vor Marx und Engels. 1848 erster Präsident des Deutschen Katholikentages. Trat für ein Großdeutschland ein und wurde 1863 von Kaiser Franz Joseph in den erblichen Ritterstand erhoben.

Alban Stolz, * 1808 in Bühl, † 1883 in Freiburg. Theologe und Volksschriftsteller. Von 1847 an Professor für Pastoraltheologie und Pädagogik. Verband mit tiefer Frömmigkeit Menschenkenntnis, Naturgefühl, Humor und treffenden Witz. Seit 1913 seine Büste vor der Konviktkirche.

August Weismann, * 1834 in Frankfurt, † 1914 in Freiburg, Zoologe. Seit 1873 Professor in Freiburg, Schöpfer der ‚Keimplasmatheorie', führte den Nachweis, daß ‚erworbene Eigenschaften' nicht vererbt werden.

Heinrich Hansjakob, * 1837 in Haslach, † 1916 in Freiburg. Priester, religiöser Volksschriftsteller, 1871–81 bad. Landtagsabgeordneter, 1884 bis 1913 Stadtpfarrer an St. Martin. Schrieb u. a. Erzählungen über Landschaften und Menschen im Schwarzwald (Wilde Kirschen; Schneeballen; Bauernblut) und kulturhistorische Schriften.

Franz Xaver Kraus, * 1840 in Trier, † 1901 in San Remo. Kathol. Kirchenhistoriker. Professor in Freiburg von 1878 an. Wirkte bahnbrechend auf dem Gebiet der christlichen Kunstgeschichte und Archäologie, kämpfte gegen den politischen Katholizismus. ‚Geschichte der christlichen Kunst' (1896).

Emil Lugo, * 1840 in Stockach, † 1902 in München. Landschaftsmaler. Lebte 1875 bis 1888 in Freiburg, wo sich sein Nachlaß befindet. Vermittler zwischen der idealistischen Landschaftsmalerei und den Bestrebungen der französischen Schule von Barbizon. Malte vorwiegend badische Landschaften.

Konstantin Fehrenbach, * 1852 in Wellendingen, † 1926 in Freiburg. 1882 Rechtsanwalt in Freiburg, Zentrumspolitiker in Baden bis 1913, seit 1903 im Reichstag, 1919 Präsident der Nationalversammlung, 1920/21 Reichskanzler.

Fritz Geiges, * 1853 in Offenburg, † 1935 in Freiburg. Maler. Erneuerer der Glasmalerei, lieferte für viele Gebäude in Deutschland Glasgemälde und stellte alte Glasgemälde (z. B. im Münster) wieder her.

Lorenz Werthmann, * 1858 in Geisenheim, † 1921 in Freiburg, war Gründer und erster Präsident des Deutschen Caritasverbandes, dessen Zentrale sich in Freiburg befindet.

Edmund Husserl, *1859 in Proßnitz (ČSSR), †1938 in Freiburg. Philosoph. 1916 bis 1928 Professor in Freiburg. Begründer der gegen den Psychologismus in der Logik gerichteten ‚Phänomenologie', die die Methoden der exakten Naturwissenschaften in philosophischen Untersuchungen anwandte. Lehrer Heideggers.

Emil Gött, *1864 in Jechtingen am Kaiserstuhl, †1908 in Freiburg. Schriftsteller voller Pläne zur Lebensreform unter dem Einfluß von Tolstoi und Nietzsche. Nach Wanderleben als Landarbeiter und Handwerksbursche von 1894 an in Zähringen seßhaft. Sein dichterisches Werk – bühnensichere Versdramen und Arbeiten zur sozialen Problematik – wurde erst nach seinem Tode bekannter und wird heute durch die ‚Emil-Gött-Gesellschaft' gefördert.

Emil Strauß, *1866 in Pforzheim, †1966 in Freiburg. Schriftsteller, Sohn eines Schmuckwarenfabrikanten. 1892 bis 1901 als Lehrer in Brasilien, dann wieder als Lebensreformer und Landwirt tätig. Von 1925 an in Freiburg, dort 1926 Dr. h.c. und 1956 Prof. h.c. Erzähler mit kraftvoller, klarer Sprache bei starker ethischer Zielsetzung. Werke ‚Freund Hein' (1902), ‚Der nackte Mann' (1912), ‚Das Riesenspielzeug' (1934), ‚Ludens' (1955).

Hans Spemann, *1869 in Stuttgart, †1941 in Freiburg. Zoologe. 1914 bis 1937 Professor in Freiburg. Erforscher des sog. ‚Organisators' bei der Bildung der Körpergrundgestalt. 1935 Nobelpreis.

Joseph Wirth, *1879 in Freiburg, †1956 daselbst. Gymnasiallehrer, Zentrumspolitiker. 1914 Mitglied des Reichstages, 1920 Reichsfinanzminister, 1921/22 Reichskanzler, 1931 Reichsinnenminister. Entschiedener Befürworter der ‚Erfüllungspolitik' und einer Verständigung mit der Sowjetunion. Lebte 1933–48 in der Schweiz.

Julius Weismann, *1879 in Freiburg, †1950 in Singen. Komponist. Orchester-, Kammer- und Klaviermusik, subjektiv-spätromantischer, von Schumann und Brahms abgeleiteter Stil, z. B. die Opern ‚Schwanenweiß' (1923), ‚Die pfiffige Magd' (1939).

Hermann Staudinger, *1881 in Worms, †1965 in Freiburg, Chemiker. 1926 bis 1951 Professor in Freiburg. Pionier auf dem Gebiet der Kunststoffe. Erhielt 1953 den Nobelpreis für seine Entdeckungen auf dem Gebiet der makromolekularen Substanzen.

Martin Heidegger, *1889 in Meßkirch, †1976 in Freiburg, Philosoph. 1922–28 Professor in Marburg. 1928–51 als Nachfolger Husserls in Freiburg. 1933–34 Rektor der Universität. Neben Karl Jaspers nach 1945 der bedeutendste Vertreter der deutschen Philosophie in Europa, namentlich in Frankreich. Sein einflußreiches frühes Hauptwerk ‚Sein und Zeit' (1927) blieb unvollendet.

Arnold Fanck, *1889 in Frankenthal, †1974 in Freiburg. Filmregisseur. 1920 Begründer der ‚Berg- und Sportfilm-Gesellschaft' in Freiburg, die durch ihre Filme ‚Das Wunder des Schneeschuhs' (1920), ‚Eine Fuchsjagd durchs Engadin' (1922), ‚Der Berg des Schicksals' (1924) usw. viel zur

Volkstümlichkeit von Skilauf und Bergsteigen beitrug. Später Regisseur von Natur-Spielfilmen der Ufa wie, ‚Die weiße Hölle vom Piz Palü' (1929), ‚Stürme über dem Montblanc' (1930), ‚SOS Eisberg' (1933).

Walter Eucken, * 1891 in Jena, † 1950 in London. Nationalökonom, 1927 bis 1934 Professor in Freiburg. Begründer der neoliberalen sog. ‚Freiburger Schule', die den nach reinen Wettbewerbsgesetzen funktionierenden freien Markt durch staatliche Überwachung der Monopole und Kartelle zu sichern anstrebte.

Hermann Eris Busse, * 1891 in Freiburg, † 1947 daselbst, Volkskundler und volkstümlicher Erzähler seiner Heimat um Schwarzwald und Oberrhein. Vorsitzender des Vereins ‚Badische Heimat', Verfasser zahlreicher Romane in markant-kräftiger Sprache, z. B. der Trilogie ‚Bauernadel', die den Einbruch der Technik in altes Brauchtum behandelt.

Julius Bissier, * 1893 in Freiburg, † 1965 in Ascona, Maler. Studium an der Kunstakademie in Karlsruhe. Ab 1930 freie Kompositionen in Tusche mit der Kontrastierung als männlich und weiblich gedeuteter abstrakter Formelemente; seit 1946 farbige Monotypien. War Mitglied der ‚Zen'-Gruppe.

Friedrich August von Hayek, *1899 in Wien, † 1992 in Freiburg. Nationalökonom, Vertreter des Neoliberalismus. Von 1962 bis 1968 Professor in Freiburg. Bedeutende Beiträge zu wettbewerbs-, geld- und konjunkturtheoretischen Problemen. Erhielt 1974 mit Gunnar Myrdal den Nobelpreis für Wirtschaftswissenschaften.

Reinhold Schneider, * 1903 Baden-Baden, † 1958 in Freiburg. Christlicher Dichter und Historiker. Lebte als freier Schriftsteller in Potsdam und Berlin sowie viel auf Reisen in europ. Ländern. 1938 Rückkehr zur kath. Kirche und Niederlassung in Freiburg. Bedeutender Vertreter des geistig-ethischen Widerstandes gegen den Nationalsozialismus. Lyriker, Erzähler, Dramatiker, Essayist, Kulturphilosoph. 1956 Friedenspreis des Deutschen Buchhandels.

STADTBESCHREIBUNG

Die Altstadt

Die Altstadt, ein unregelmäßiges Oval von 500 und 650 m Durchmesser, ist auf einer Schotterterrasse der Dreisam angelegt, die ursprünglich näher an der Stadt vorbeifloß. Sie ist das früheste und reinste Denkmal einer hochromanischen Bürgerstadt und hat den Grundriß, den ihr die Zähringer Herzöge um 1120 gegeben haben, bis heute bewahrt. Dieser zeigt ein Achsenkreuz von zwei breiten Straßen, von denen schmale parallele Gassen rippenartig abzweigen. Die Nordsüdachse bilden die ziemlich geradlinige Kaiser-Joseph-Straße, die Ostwestachse die Salz- und Bertoldstraße, ein gewundener alter Landweg.
Die ursprünglichen Häuser, von denen nur eines noch steht (S. 51), waren Fachwerkbauten auf Steinsockeln, die alle etwa gleichgroße Hofstellen (50 × 100 Fuß) hatten und den Straßen und Gassen die Traufenseite zukehrten. Von den vielen Klöstern haben sich noch vier als Bauten erhalten. Aus der Gründungszeit stammt auch das einzigartige, 6,3 km lange Netz der Bächle, die vor der Stadt von einem Gewerbekanal abzweigen und aus einem Tunnel durch den Schloßberg beim Schwabentor zutagetreten und aus eigener Kraft ihre lustigen Wege nehmen (heute teilweise überdeckt). Zahlreich sind auch die Brunnen. Sehr viele Häuser tragen noch ihre alten Namen und das Datum ihrer ersten urkundlichen Nennung, die öffentlichen Bauten waren und sind mit Vorliebe in Rot gehalten. Die Gehsteigmosaike aus halbierten Rheinkieseln, die farbige Wappen, Siegel, Ornamente usw. zeigen und heute meist Symbole der anliegenden Geschäfte aufweisen, sind um 1860 von einem Pflästerer auf seiner Wanderschaft aus dem Rhonetal übernommen worden.
Freiburg war schon im 14. Jh. erheblich über seinen ersten Mauerring hinausgewachsen: vor dem Christophstor im Norden lag die Vorstadt Neuburg, im Westen lagen die Prediger- und Lehener Vorstädte, alle später von Vaubans Festungsgürtel erdrückt; nur die sog. Schneckenvorstadt im Süden ist erhalten geblieben. Der Hauptverkehr wird auf neugeschaffenen breiten Ringstraßen um die Altstadt herumgeleitet; diese verlaufen anstelle von Wall und Graben. Von den Bastionen des 17. Jhs. sind nur zwei erhalten, da man versäumte, den Festungsring in Wallanlagen umzuwandeln, wie etwa in Frankfurt oder Braunschweig.
Viele alte Bauten sind beim Bombenangriff am 27. November 1944 zerstört worden, doch hat man in Freiburg mehr als anderswo die althergebrachten Formen beibehalten oder wiederaufgegriffen, um innerhalb der Altstadt das ‚anheimelnde‘ Gesicht und dem Münster seine beherrschende Stellung zu erhalten. Den Wiederaufbauplan in diesem Sinne verdankt die Stadt Prof. Joseph Schlippe († 1971), die Verwirklichung auch Baudirektor Geiges. Auf den Straßenschildern findet man Erklärungen der Namen.

Rundgänge durch die Altstadt

Die folgenden Beschreibungen ermöglichen dem interessierten Freiburg-Besucher eine Besichtigung der Altstadt in Form eines Rundganges.
Die Besichtigung ist in folgende vier Stationen gegliedert:
Altstadtrundgang 1: Bertoldsbrunnen – Münster – Konviktstraße.
Altstadtrundgang 2: Schwabentor – Augustinerplatz – Insel.
Altstadtrundgang 3: Martinstor – Universität – Stadttheater.
Altstadtrundgang 4: Colombipark – Rathäuser – Kartoffelmarkt.

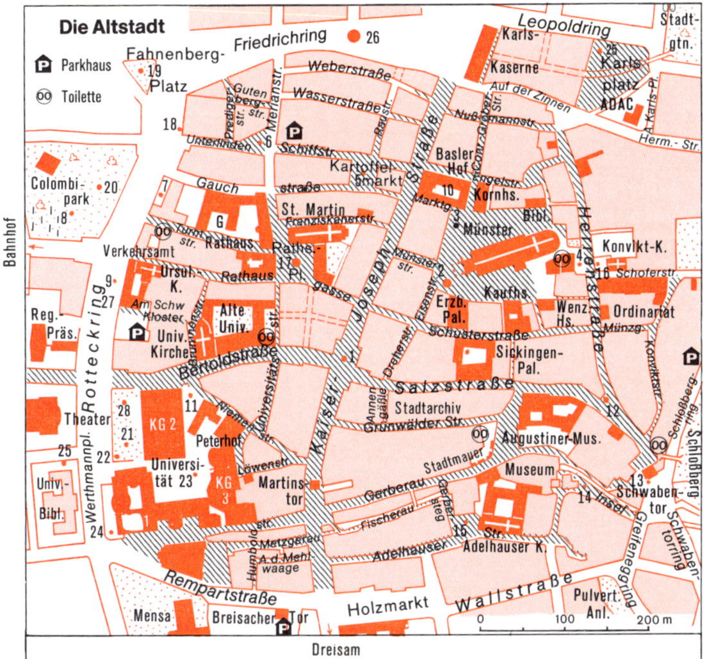

Brunnen:
1 Bertoldsbrunnen
2 Georgsbrunnen
3 Fischbrunnen
4 Bauhüttenbrunnen
5 Raubrunnen
6 Unterlindenbrunnen
7 Fasnetbrunnen
8 Schneckenreiter Br.
9 Raufbuben-Br.
10 Neptunbrunnen
11 Universitätsbrunnen
12 Oberlindenbrunnen
13 Löwenbrunnen
14 Inselbrunnen
15 Gänsemännchen-Br.

Denkmäler:
16 Alban Stolz
17 Berthold Schwarz
18 Albertus Magnus
19 Vertriebenen-Dkm.
20 Flora
21 Die Liegende
22 Synagogen-Dkm.
23 Heroischer Rhythmus
24 gefallene Studenten
25 Partnerstädte
26 Siegesdenkmal
27 NS-Opfer Dkm
28 Carl von Rotteck

Altstadtrundgang 1: Bertoldsbrunnen – Münster – Konviktstraße

Bertoldsbrunnen – Kaiser-Joseph-Straße – Basler Hof – Siegesdenkmal – Münsterplatz – Kornhaus – Fischbrunnen – Georgsbrunnen – Erzbischöfliches Palais – Historisches Kaufhaus – Wenzinger-Haus – Münster Unserer Lieben Frau – Schusterstraße – Herrenstraße – Alte Münsterbauhütte – Erzbischöfliches Ordinariat – Münzgasse – Münsterbauhütte – Konviktstraße.

An der Kreuzung der Kaiser-Joseph-Straße mit der Salz- und Bertoldstraße steht der **Bertoldsbrunnen** (Nikolaus Röslmeir), der den Herzögen von Zähringen, Gründern und Herren von Freiburg bis 1218, gewidmet ist. Die hochaufgerichtet innehaltende

Reiterfigur aus Erz steht auf einem Sockel aus rötlichem Trientiner Kalkstein. Sie ist 1965 mit Spenden deutscher und schweizer Zähringerstädte anstelle eines 1944 zerstörten, 1807 aufgestellten Denkmals Herzog Bertholds III. von Zähringen getreten. Im Mittelalter stand hier am Fischmarkt der Fischbrunnen (s. S. 42). Nach Westen führt die Bertoldstraße zum Hauptbahnhof, nach Osten die Salzstraße zum Schwabentor.

Die Nordsüdachse der Altstadt ist die **Kaiser-Joseph-Straße,** die Hauptgeschäftsstraße und als ‚Lange Gaß' einst Marktstraße Freiburgs mit Hauptmarkt, Fischmarkt, Rindermarkt, Metzig und Handwerkerlauben. Da Kaiser Joseph II. auf seiner Reise nach Paris hier abstieg, taufte man die Straße 1777 Kaiserstraße. Vom Martinstor am Südende bis zum Siegesdenkmal am Nordende, wo einst das Christophstor oder auch Christoffelstor stand, ist sie 500 m lang und auf beiden Seiten zumeist von Arkaden eingefaßt, die nach 1945 geschaffen wurden, um die Fahrbahn verbreitern zu können. Damit hat Freiburgs Hauptstraße einen Charakterzug angestrebt, wie ihn die alte Zähringerstadt Bern seit altersher hat. Seit 1974 ist die Straße dem Fußgänger vorbehalten, nur Straßenbahn und Omnibus dürfen sie durchfahren.
Die Fronten der vier Kaufhäuser sind recht gut eingepaßt. Als Bauten dominierend unter ihnen sind Hertie und Schneider, die den einzigen Altbau, den ‚Basler Hof' flankieren, wobei Schneider eine bewegte, vielfach gegliederte Fassade aus grauen geriffelten Kieselplatten aufweist (H. Mohl).

Der **Basler Hof** beherbergt seit 1953 das Regierungspräsidium Südbaden. Der breite Renaissancebau hat Staffelgiebel, goldgefaßte Fenster, zwei behelmte Ecktürme und ein schmuckes Portal. 1496 von Konrad Stürzel, dem Kanzler Kaiser Maximilians I. anstelle von sieben Bürgerhäusern erbaut, verdankt er seinen Namen dem Basler Domkapitel, das wegen der Reformation 1590–1651 hier seinen Amtsitz nahm (Wandbild in der Eingangshalle). Ihm folgte von 1698 bis 1806 die Regierung von Vorderösterreich. Als Ludwig XIV. 1681 Vaubans neuen Festungsgürtel inspizierte, residierte er hier. In der Fassade stehen in einem Schreinepitaph die Basler Schutzheiligen Maria, Kaiser Heinrich II. und Bischof Pantaleon. In dem großen Innenhof am Treppenturm ein mit Putten verziertes Portal von 1588 (Original im Augustinermuseum) und seit 1975 auf dem Brunnen eine Neptunfigur von N. Röslmeir.
Den nördlichen Abschluß der Kaiser-Joseph-Straße bildet der Platz am Siegesdenkmal (nach Herdern, Neuburg und Zähringen

s. S. 72). Bis 1704 lag er vor dem Christophstor, an dessen Stelle ein neuer Abschlußbau der Altstadt erwogen wird. Auf der Ostseite steht die 1773–76 erbaute stattliche *Karlskaserne*, die nach dem Erzherzog Karl benannt wurde und seit dem Wiederaufbau als Behördenbau verwendet wird. Ihr gegenüber stand 1828 bis 1944 das Gebäude der Kommandantur, von 1933 an Sitz der NSDAP-Kreisleitung. Auf der Nordseite stehen ein Bürohaus (1959; A. Giese) und als einzig erhaltenes Haus der Leopoldstadt (s. S. 72) das *Merian-Sautiersche Haus,* ein kleiner nobler Bau mit Eckturm, den der Weinbrennerschüler Chr. Arnold 1826 erbaut hatte. Es wurde 1986 restauriert und beherbergt heute Läden, Büros und Restaurants.

Das **Siegesdenkmal von 1870/71** war das Ergebnis eines für ganz Deutschland ausgeschriebenen Wettbewerbes, den Prof. C. F. Moest aus Karlsruhe gewann. Die kranzerhebende Siegesgöttin steht auf hohem Postament, ihr zu Füßen auf dem Granitsockel vier Krieger, drei in der Verteidigung, einer sterbend. Die Inschrift lautet: „Dem XIV. Deutschen Armeecorps und seinem Führer General A. v. Werder das dankbare badische Volk". Kaiser Wilhelm I. hat das aus französischen Geschützrohren gegossene Denkmal 1876 eingeweiht.
Zwischen dem Basler Hof und dem Kaufhaus Schneider führt eine Gasse, in der das ‚Bächle' (s. S. 54) noch in alter Weise in der Mitte fließt, zur Nordseite des Münsterplatzes.

Das Herz der Stadt ist der **Münsterplatz,** den der riesige rote Sandsteinbau des Münsters in eine Nord- und eine Südhälfte teilt und der mit seinen Blumen-, Obst- und Gemüseständen des täglichen Marktes ein bunt bewegtes und farbenfrohes Bild abgibt. Auf der Nordseite haben die Bauern ihre Stände, auf der Südseite die Händler. Als Wochenmarkt dient der Münsterplatz erst seit dem 19. Jahrhundert. Bis 1789 befand sich um das Münster der Kirchhof, der aber von 1513 an nur noch in den Kriegszeiten von 1713 und 1744 belegt wurde. An der Westseite des Münsterplatzes stand von 1225–1806 das Heiliggeistspital, dem von 1823–1944 die ‚Museumsgesellschaft' folgte und seit 1975 das architektonisch umstrittene Kaufhaus Schneider.
Am Münsterplatz befinden sich u. a. zwei Hotels, fünf Gaststätten mit Sitzen im Freien, drei Cafés und zwei Banken, von denen

die eine, das Bankhaus J. A. Krebs, schon seit 1721 besteht und noch im Besitz der Familie ist.

An der Nordseite des Münsterplatzes ist das **Kornhaus** bemerkenswert, das 1944 ausgebombt wurde und 1969–71 in den alten Formen des 15. Jhs. neu erstand. Es ist ein 34 m langer Bau, der mit seinem hohen Treppengiebel über sechs Geschossen den Platz beherrscht. Unten diente er dem Kornmarkt und 1547–1763 den Metzgern (‚Große Metzig'), oben war ein Tanz- und Festsaal. In diesem spielte 1789–1823 das Theater, später hielten die Vereine hier ihre Feste ab. Unten befand sich von 1789–1898 der allwöchentliche Fruchtmarkt. Durch die beiden Türen im Giebel wurden die Kornsäcke in den Speicher gebracht. Der Neubau erhielt eine Ladenpassage und beherbergt u. a. Restaurants und ein Café. Zwischen Kornhaus u. Hertie moderner Brunnen mit Sandsteinfiguren/Brunnenspeiern.

Vor dem Gebäude wurde 1970 der wiederhergestellte spätgotische **Fischbrunnen** aufgestellt, den 1483 Meister Hans von Basel für das große Achsenkreuz der Stadt geschaffen hatte, wo er auch als Fischkasten diente. 1806 wurde er versetzt. Farbig bemalter Brunnenstock mit Figuren, Maßwerk, Krabben und Fialen, 6 m hoch, über neuer Brunnenschale. – Im Pflaster neben dem Münsterchor der Grundriß der 1973 aufgefundenen *St.-Andreaskapelle* der Edelsteinschleifer (‚Ballierer') über dem Beinhaus des Kirchhofes, der 1313–1513 belegt wurde, aber bis 1744 erhalten blieb.

Der lange, etwas einfallslose Bau mit zwei Erkerbauten wurde 1957–65 für die *Stadtbibliothek* (360 000 Bände) erbaut. Diese umfaßt auch eine Jugendbücherei und eine Musikbücherei. Dahinter die 1987 eröffnete *Synagoge*, die das 1938 niedergebrannte jüdische Gotteshaus am Werthmannplatz (s. S. 62 und 102) ersetzt. Gottesdienste Freitag abends und Samstag morgens.

Vor dem Münsterportal stehen drei *Barocksäulen*, gekrönt von den Standbildern der hl. Jungfrau (13. Jh., Kopie), des hl. Ritters Alexander, des hl. Bischofs Lambertus, Schutzpatronen der Stadt, gestiftet 1719 von den vorderösterreichischen Landständen. Der gotisch gehaltene *Georgsbrunnen* (1935), mit einer vergoldeten kleinen Figur des Heiligen, ist ein beliebter Treffpunkt für Jugendliche.

Auf der Südseite sind vier Bauten besonders hervorzuheben. Das schlichte **Erzbischöfliche Palais** (Nr. 10) ist nur in der Barockfassade alt, das Übrige 1954 neu aufgebaut. 1765 wurde es von dem Basler Architekten J. J. Fechter als Gesellschaftshaus der Breisgauer Ritterschaft (‚Haus zum Ritter‘) errichtet, 1766 Landhaus der drei breisgauischen Landstände, 1806 Großherzoglich bad. Hofgericht, 1832 erzbischöfliches Palais. Schönes schmiedeeisernes Balkongitter und seit 1881 in der Fassade das Emblem des 1827 gegründeten Erzbistums Freiburg. Der Erzbischof bewohnt das Palais nicht; es dient dem Diözesanrat und dem kath. Frauensozialdienst als Geschäftsstelle.

Das rotleuchtende ***Kaufhaus** ist 1522–32 für die städtische Zoll- und Finanzverwaltung und als Handelsplatz für fremde Kaufleute durch die Münsterbaumeister L. Müller (aus Ettlingen) und H. Neuhauser (aus Münster/Westf.) erbaut worden, gleich nachdem die Totenbestattungen auf dem Münsterplatz aufhörten; der Vorgänger des 14. Jhs. kehrte seine Front noch der engen Schusterstraße zu. Die traditionelle Bauweise – Traufenhaus zwischen Staffelgiebeln – ist hier ins Großartige gesteigert, indem die Fassade über einem Laubengang zwischen spitzbehelmten Erkern ausgespannt ist, voll ausgefüllt durch fünf enggestellte Vorhangfenster. Die vier derben steinernen Herrscherfiguren dazwischen tragen goldverzierte Rüstungen, Szepter und den Orden vom Goldenen Vlies. Es sind von l. n. r.: Kaiser Maximilian I.; sein Sohn Philipp der Schöne, König von Spanien; dessen Söhne Kaiser Karl V. und König Ferdinand I., Landesherr von Vorderösterreich (1530; Sixt v. Staufen). Der Balkon kam erst 1550 hinzu. Die zehn vielteiligen bunten Wappen an den fünfseitigen Erkern sind die der habsburgischen Wahlreiche und Erblande, die zur Zeit Karls V. unter habsburgischem Szepter vereinigt waren. Mit zwei phantastischen Traufen sind auch die Blechner zum Zuge gekommen. Während die Kaufhalle im Erdgeschoß für den Handel (u. a. Tuchmacher, Edelsteinschleifer, Salzhändler) bestimmt war, schuf sich die aufstrebende Stadt im Obergeschoß zum erstenmal einen Festsaal.

In dem malerischen Hof links der Turm mit der reizvollen ‚Kaisertreppe‘ (meist geschlossen) zum Festsaal. An der Südwand ein weiterer Treppenturm. Sehenswert oben eine kleine Halle mit spätgotischem Kamin (1518), barockem Doppeladler in der Stuckdecke und einer Orgel. – Zugang zum Festsaal ist durch ein östlich angrenzendes Bürgerhaus. Im Vorraum oben Porträts von sechs Ehrenbürgern, darunter Max Egon v. Fürstenberg (1965) und General v. Gallwitz (1915). Im Saal, der 1714 umgestaltet wurde und heute für Konzerte und Empfänge der Stadt genutzt wird, tragen sechs Holzpfeiler eine Stuckdecke mit Wappenschmuck und spiraligen Goldknäufen. An der Stirnwand flankieren Porträts der Kaiser Leopold II. und Franz I. ein schönes Bild der ‚Belagerung Freiburgs durch die Franzosen 1713'. Ferner Porträts dreier badischer Großherzöge.

An der Südostseite des Platzes steht das **Wenzingerhaus**, 1761 in der Art eines Straßburger Stadtpalais von dem Bildhauer, Maler und Architekten Johann Christian Wenzinger (1710–97) als eigenes Wohnhaus erbaut. Es beherbergt ein Zweigmuseum des Augustinermuseums zu Freiburgs Geschichte von der Gründung bis ins 18. Jh. Im Keller sind Modelle der mittelalterlichen Stadt und der barocken Festungsanlage zu sehen. Ein weiteres Modell (1. OG im Salon) zeigt das Münster als Baustelle. Im Hof stehen die Gartenfiguren aus Schloß Ebnet, Hauptwerke Wenzingers von 1748/49. Zum Originalbestand des Hauses gehört das reizvolle Treppenhaus mit einem Deckengemälde des früheren Hausherrn.
Das winzige Gäßchen mit Bächle, das von hier in die Herrenstraße führt, heißt Präsenzgäßle, weil es das Münster mit den Höfen der Domherren, die zu den Messen präsent sein müssen, verbindet. Von den elf Gäßle, die einst zum Münsterplatz führten, bestehen noch vier.
Der gelbgetünchte Bau mit Steildach über der kräftigen Bogenvorhalle (heute WC), dicht neben dem Münsterchor, ist 1733 als *Hauptwache* für die Stadtgarnison errichtet worden und diente bis 1830 diesem Zweck. Das historische Gebäude beansprucht noch aus einem anderen Grund Seltenheitswert: es ist die einzige Bedürfnisanstalt Deutschlands unter Denkmalschutz. Daneben ein gotisches Haus mit Maßwerkrosette, die „Münsterpräsenz".

Das ****Münster** (Unserer Lieben Frau), aus rotem, in der Sonne prächtig leuchtendem Sandstein erbaut, ist eines der Meisterwerke gotischer Baukunst auf deutschem Boden und noch im Mittelalter selbst vollendet worden. Im Gegensatz zu den oberrheinischen Bischofskirchen in Worms, Speyer, Straßburg und Basel ist es als Pfarrkirche entstanden, denn das Erzbistum besteht erst seit 1827, und dokumentiert dadurch die große Leistung der Freiburger Bürgerschaft. Das Silber aus den Gruben im Schauinsland, Münstertal und Wiesental erbrachte die Mittel.

Baugeschichte

Der aus Westturm, dreischiffigem Langhaus, Querschiff und Chor mit Kapellenkranz bestehende Bau ist um 1200 anstelle eines älteren Baues begonnen worden und wurde nach zwischenzeitlich 100jähriger Unterbrechung 1513 vollendet. Am ältesten und noch in romanischen Formen gehalten ist das aus gelbrotem Sandstein erbaute Querschiff (um 1200) mit der heute überdachten Vierungskuppel und den zwei Osttürmen (‚Hahnentürme'). Damals war vom letzten Zähringerherzog Berthold V. eine St.-Nikolaus- Pfarrkirche nach dem Vorbild des Basler Münsters geplant, mit Vierungsturm, gewölbten Emporen über den Seitenschiffen und einer Grablege für die Zähringer Herzöge unter dem Chor, die bis dahin im Kloster St. Peter bestattet worden waren. Nach deren Aussterben (1218) weihten die neuen Herren, die Grafen von Freiburg, im Zeichen der damaligen starken Marienverehrung, den Bau ‚Unserer Lieben Frau' und ließen das Langhaus und den quadratischen Turmunterbau 1240–80 durch einen Meister (Gerhart?) aus Straßburg in frühgotischen Formen mit offenem Strebewerk und prächtiger Vorhalle erbauen, ohne hierbei jedoch das Straßburger Vorbild zu erreichen.

Dann folgte ein neuer Münsterbaumeister, vielleicht ebenfalls aus Straßburg kommend, Heinrich Müller, dem es von etwa 1280 bis 1330 gelang, einen 116 m hohen Turm in hochgotischen Formen auszuführen, wie er an künstlerischer Genialität und harmonischer Schönheit einmalig ist und dem Gedanken des Einturms anstelle des doppeltürmigen Westwerkes, wie es bei Bischofskirchen und Abteien üblich war, auch in der Gotik zum Durchbruch verhalf. Der viereckige, horizontal gegliederte Unterbau des Turmes enthält die Vorhalle. In fast unmerklichem Übergang verbindet ihn die zwölfeckige Steingalerie mit einem achteckigen Glockenhaus (‚Laterne') und dem luftigen, filigranartig durchbrochenen Steinhelm darüber, der oben die mächtige Kreuzblume trägt. Die krabbenbesetzten Streben dieser Steinpyramide verlaufen in leichter Schwellung, um die Tendenz des Auges, lange Linien nach innen durchzubiegen, auszugleichen, aber auch aus statischen Gründen.

Mit dem spätgotischen, von Umgang und Kapellenkranz umgebenen Chor wurde 1354 begonnen. Durch seine dem Langhaus fast gleichkommenden Ausmaße, reichere Einzelformen und die gotischen Helme auf den Hahnentürmen, ist er ein gewisses Gegengewicht zum Turm. Der erste Meister war Hans von Gmünd, Peter Parlers Vetter, dessen Plan nach 100jähriger Unterbrechung von seinen Nachfolgern 1471–1513 zu Ende gebracht wurde. Reich skulptiert sind die beiden Chorportale. – Das südliche Querschiff erhielt 1620 einen Vorbau im Renaissancestil, Stiftung des Basler Domkapitels.

Bildwerke außen

Die *Vorhalle, die ursprünglich als Gerichtslaube gedacht war, zeigt in ihrem reichen plastischen Schmuck (um 1300) das ganze Weltbild des Christentums. Über dem Portal außen eine Marienkrönung von ca. 1250 (Kopie) sowie rechts und links Sitzbilder der Grafen von Freiburg als Gerichtsherren.
In der Portallaibung rechts Verkündigung und Heimsuchung sowie die überwundene Synagoge, links Anbetung der Könige und die triumphierende Kirche.

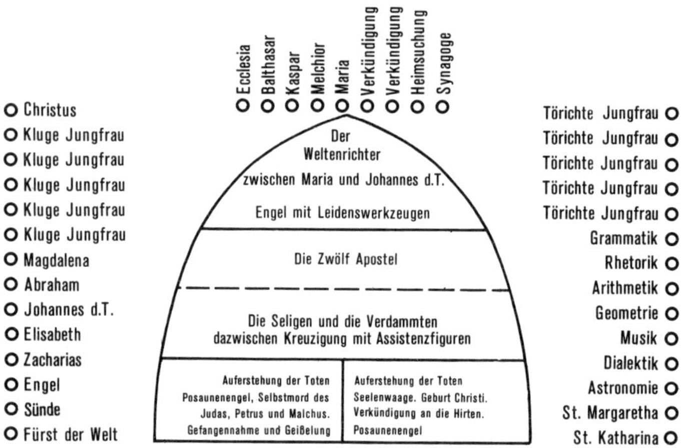

Die Reliefs im Bogenfeld über dem Portal schildern die Geschichte Christi bis zu seiner Wiederkehr am Jüngsten Tage. Hier im unteren Feld in der Mitte ein altes Wahrzeichen Freiburgs: der ‚betende' Teufel. In den Waagschalen des neben ihm mit der Seelenwaage stehenden Erzengels Michael das Gute und das Böse; die Schale des Bösen steigt nach oben, so daß der danebenstehende Teufel verzweifelt über seine Ohnmacht die Hände zusammenschlägt – von Beten kann also nicht die Rede sein. An den Seitenwänden der Vorhalle: rechts die fünf törichten Jungfrauen sowie als Dienerinnen der Kirche die sieben freien Künste, links die klugen Jungfrauen, zuletzt die *‚Sünde', nur mit einem Bocksfell bekleidet, und der ‚Fürst der Welt' als eleganter Jüngling mit einer Rose in der Rechten, der ‚Sünde' zugewandt, dessen Rücken jedoch von Schlangen und Kröten zerfressen ist. – An der Eingangswand links außen Brotmaße mit Jahreszahlen von 1270, 1317 und 1320. Innen weitere Maße (Elle, Ziegel etc.) und ein altes Marktrecht. Über dem *Chorsüdportal Tod und Krönung Mariä (1370–80), über dem *Chornordportal Schöpfung, Sündenfall und Sturz Luzifers (14. Jh.). Ferner am Strebewerk das dämonische Volk der Wasserspeier, Symbole der menschlichen Laster, sowie alttestamentarische Könige, Propheten und Apostel. An den Turmpfeilern sitzend die Grafen von Freiburg, hoch oben die berühmten posauneblasenden *Gerichtsengel.

DER BETENDE TEUFEL

Inneres

Das Langhaus ist eine Basilika, deren Mittelschiff über spitzen Arkaden ganz ungegliederte Wände aufweist und deren helle Fenster einst dunkelfarbig verglast waren, wovon nur noch ein Beispiel zeugt. Das Gewölbe mit seinen blattgeschmückten Schlußsteinen wirkt leicht und schwebend. Pfeilerkapitelle und Fenstermaßwerk sind beim Fortschreiten des

Baues von Osten nach Westen zierlicher geworden. Die Westwand öffnet sich oben zur *Michaelskapelle*, Sängerempore für den Domchor, mit ornamentalem, 10 m hohen Westfenster (1965; A. Wendling).
Über dem Portal eine **Madonna* zwischen zwei Leuchterengeln (um 1300). An den Mittelschiffpfeilern *Christus und 13 Apostel* (frühes 14. Jh.), gestiftet von Patriziat und Adel, über deren Wappen sie stehen. Die *Kanzel* ist ein Werk naturalistischer Spätgotik, 1561 von Jörg Kempf geschaffen, der als Halbfigur unter der Treppe hervorsieht. Die *Langschifforgel* („Schwalbennest' s. unten) hoch an der Nordwand zeigt unter der Orgelkanzel von 1530 den ‚Roraffen', die bewegliche Halbfigur eines Trompeters, von Sixt von Staufen.

Die niedrigen Seitenschiffe sind durch Blendarkaden über einer Sockelbank reicher gegliedert. Ihre Westwand beherrschen asymmetrisch angebrachte **Maßwerkrosen*. Der schönste Schmuck des Langhauses sind die **Glasfenster*, die in drei- und viergeteilten Maßwerkrahmen sitzen und sich meist als Stiftungen der Zünfte ausweisen. Sie stammen aus der Wende des 13./14. Jhs., sind aber vielfach neu zusammengesetzt, ergänzt und später renoviert worden. An das nördliche Seitenschiff schließen sich die *Grafenkapelle*, in der 1829 die Grabplatten des Markgrafen Otto v. Hachberg und des letzten Grafen von Freiburg aufgestellt wurden, sowie die *Abendmahlskapelle* an, die 1806 für eine Abendmahlsgruppe von F. X. Hauser geschaffen wurde. Im südlichen Seitenschiff die stehende, wahrscheinliche *Grabfigur Bertholds V.* (†1218; S. 29), des letzten Zähringers, ursprünglich Deckplatte seiner im roman. Chor aufgestellten Tumba. Sein Grab wurde 1354 an diese Stelle verlegt und eine damals geschaffene Grabfigur 1667 mit einem Hinweis auf Berthold V. aufgerichtet. – Eine feierliche Figurenszene von 1340 enthält die **Heiliggrabkapelle*, an deren Sarkophag und Figuren mehrere Straßburger Bildhauer gearbeitet haben.

Vierung und Querhaus sind noch ganz in den großzügig schweren Formen der Romanik (um 1200) erhalten und lassen erkennen, daß hier ein Bau geplant war, der das Basler Münster übertreffen sollte. Man sieht noch, wie das Langhaus und Querschiff an Höhe gleich sein, daß die Seitenschiffe Emporen haben sollten und der kurzbemessene Chor weit höher gelegt war als der jetzige. Die in der Gotik überdachte Vierungskuppel war eine weitere Lichtquelle, die Kapellen in den Hahnentürmen waren hinten geschlossen. Die *Musikemporen* an den Stirnwänden sind die beiden Hälften eines Renaissancelettners, der 1579–1790 den Chor anstelle eines gotischen Vorgängers abschloß. In den Rundbogen darüber die ältesten, allerdings versetzten und veränderten Glasfenster des Münsters (‚Wurzel-Jesse', ‚Taten der Barmherzigkeit'). Einen hohen Begriff von roman. Münsterplastik geben die **Reliefffriese* am Eingang zur südlichen Hahnenturmkapelle: auf der rechten Seite die ‚Wolfsschule', Alexanders Himmelsflug, auf der linken Seite Zentauren, Greife und Sirenen.

Das Orgelwerk des Freiburger Münsters, das 1963–65 eingebaut wurde, besteht aus vier Orgeln. Die *Chororgel* (Rieger/Schwarzach; 25 Reg.) dient vor allem für den Gottesdienst, die große *Marienorgel* im linken Querschiff (Rieger; 61 Reg., 4 Manuale) besteht aus neun Pfeifentürmen, die *Langschifforgel*, volkstümlich ‚Schwalbennest' (Markussen/Apenrade; 21 Reg.), hat noch das Gehäuse von 1937, die *Michaelsorgel* auf der Empore (Späth, Ennettach; 28 Reg.) ist für den Domchor. Gespielt wird die Gesamtanlage wie auch jedes einzelne Werk elektrisch vom Hauptspieltisch im Chor, doch haben die Orgeln (außer der Chororgel) auch eigene mechanische Spieltische. Mit 134 klingenden Registern umfassen die vier Werke 10200 Pfeifen. Vielbesucht sind die *Orgelkonzerte, die im Juli/August jeden Dienstag 20.15 Uhr stattfinden und bei denen namhafte europäische Organisten spielen.

Der Chor des Freiburger Münsters wird von Gewölberippen überspannt, die zu einem Netz verschlungen sind, und er ist strahlend hell, da die 36 Heiligenfiguren und 27 Wappen (1511–13) in die Butzenscheibenflächen der großen Maßwerkfenster nur als farbige Felder eingesetzt sind. Der Chorgrundriß des Joh. von Gmünd ist dadurch originell, daß den drei Seiten des Chorschlusses sechs Kapellen entsprechen statt der bei französischen Kathedralen üblichen drei. Der Chor ist seit 1795 durch hohe Schranken vom Umgang geschieden. Vorn, südl. von der *Altarmensa*, der Spieltisch, von dem alle vier Orgeln gespielt werden können, daneben das riesige *Grabmal des österr. Generals v. Rodt*, 1743–45 von Chr. Wenzinger aus grauem Sandstein gearbeitet. Rechts gegenüber die schlichten *Grabplatten des Grafen Konrad II.* von Freiburg († 1352) und seiner Schwiegertochter Anna von Hachberg-Sausenberg († 1391), 1802 aus dem Predigerkloster hierher überführt. Daneben die neue *Chororgel*. Die vier ‚spätgotischen' Gedenkplatten der Zähringer Herzöge stammen erst von 1793 (F. X. Hauser). Gegenüber vom *Bischofsthron* ein gotischer *Dreisitz* für die amtierenden Priester (16. Jh.). Links und rechts vom Hochaltar Wandteppiche des 17. Jh. mit Szenen aus dem Leben Abrahams.

Der **Hochaltar*, 1512–16 von Hans Baldung Grien gemalt, ist ein Hauptwerk der deutschen Malerei jener Zeit. Auf der Mitteltafel vorwiegend in roten und blauen Farben die Marienkrönung, auf den Flügeln weißgewandete Apostelgruppen. Bei zugeklapptem Altar (z. B. Weihnachten) v. l. n. r. Verkündigung, Heimsuchung, Geburt Christi und Flucht nach Ägypten. In der Predella unten die Anbetung der Könige, geschnitzt nach Motiven Dürers und Schongauers.

Im Chorumgang in der Mitte innen ein *Brunnen* von 1511 und darüber sichtbar die rückseitigen Tafeln des Hochaltars: in der Mitte die Kreuzigung (neben dem r. Kreuz der Kopf des Malers mit roter Kappe), l. Hieronymus/Johannes d. T., r. Laurentius/Georg. – In der neuen *Bischofsgruft* unter dem Chor eine bronzene Gedenktafel mit den Namen von 12 im Münster begrabenen Bischöfen, deren Grabplatten im Fußboden des Querschiffes liegen.

Die 13 Chorkapellen, von denen zwei als Eingangsräume dienen, heißen nach ihren Stiftern, von denen z. T. auch noch die Ausstattung stammt. Die Glasgemälde in ihnen wurden 1505–28 geschaffen, sind jedoch inzwischen erneuert (Originale im Augustinermuseum, s. S. 55).

Stürzelkapelle: übermalter Flügelaltar (16. Jh.) und barocker *Taufstein, 1768 von Chr. Wenzinger entworfen.
Universitätskapelle *Oberriedtaltar von Hans Holbein d. J., 1521 für den Basler Ratsherrn Hans Oberriedt gemalt und 1529 vor dem Bildersturm in Basel hierher gerettet; Epitaphe von Freiburger Universitätsprofessoren.
Lichtenfels-Krozingen-Kapelle: Margarethenaltar von 1615, Werk des Manierismus.
Schnewlin-Kapelle (Sc): neugotischer Altar (1869), zierliches Epitaph aus vergoldetem Kupfer (1762).
Kaiserkapellen: von Maximilian I. gestiftet; in der 2. Kapelle die Reste des *Schnewlin-Altars (Taufe Christi u. Johannes auf Patmos), 1514 von Hans Baldung Grien gemalt und von Hans Wyditz geschnitzt.
Böcklin-Kapelle: *Böcklinskreuz (um 1180), einst Kreuz des romanischen Chorbogens, aus getriebenen Silberplatten über Holzkern.
Sother-Kapelle: drei modern vergoldete Heiligenfiguren des 16. Jhs.
Locherer-Kapelle: *Schutzmantelaltar des Meisters Sixt von Staufen (1521/24).
Blumeneck-Kapelle: neugotischer Altar von 1913 mit alten Figuren.
Heimhofer-Kapelle: Tafelaltar mit Erweckung des Lazarus (1595) vom Basler Weihbischof Tegginger gestiftet.

Münster

← N

INNEN

1 Madonna
2 Apostel
3 Fenster der Küfer, Bäcker, Schmiede, Schneider, Maler
4 Fenster d. Tucher, Schuster, Bergleute Märtyrer. St. Michael
5 Rebleuterose
6 Müllerrose
7 Kanzel
8 Schifforgel
9 Grafenkapelle
10 Zähringerfigur
11 Heiliges Grab
12 Dreikönigsaltar
13 Annenaltar
14 ehem. Lettner
15 Marienorgel
16 Roman. Relief

CHOR

17 Gen. v. Rodt
18 Konrad v. Freiburg
19 Chororgel
20 Zähringerreliefs
21 Bischofsthron
22 Dreisitz
23 Wenzingertaufe
24 Holbeinaltar
25 Schnewlinaltar
26 Böcklinkreuz
27 Schutzmantelaltar
28 Hochaltar
29 Zur Bischofsgruft
30 Brunnen

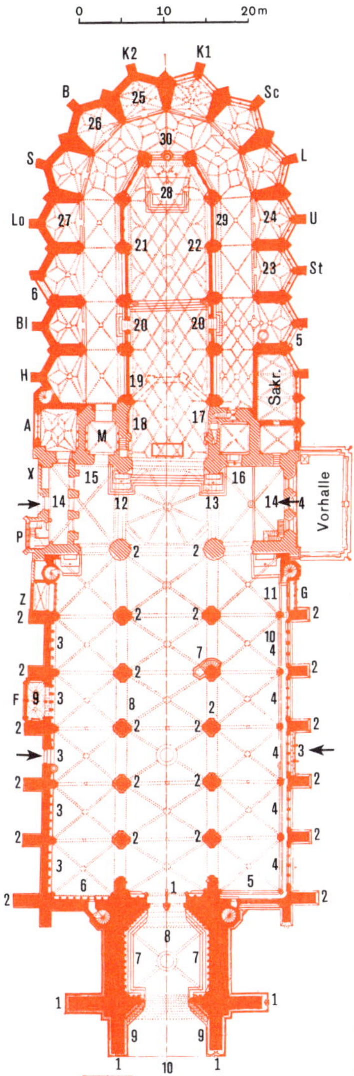

Roman. Stil
Got. Stil

KAPELLEN

St Stürzel
U Universität
L Lichtenfels
Sc Schnewlin
K1 Kaiser
K2 Kaiser
B Böcklin
S Sother
Lo Locherer
Bl Blumeneck
H Heimhofer
A Anna
M Magdalena
N Nikolaus
X Alexander
P Peter und Paul
Z Abendmahl
G Hl. Grab
F Grafen

AUSSEN

1 Grafen, Könige, Heilige, Propheten, Posaunenengel
2 Wasserspeier, Könige, Apostel
3 Lammportal
4 Nikolausportal
5 Marienportal
6 Schöpfungsportal
7 Figurenzyklen
8 Jüngstes Gericht
9 Alte Maße
10 Krönung Mariä

Innenmaße:
Länge 125 m
Breite 30 m
Höhe 27 m

Turmmaße:
Höhe 116 m
Unterbau 37 m
Achteck 33 m
Helm 45 m

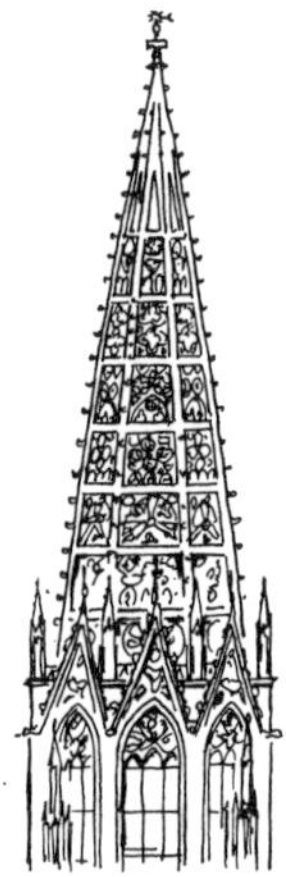

Der **Turm** (116 m) des Münsters hat seinen Zugang rechts innen neben dem Hauptportal. Bis zur obersten Galerie 328 Stufen. Nach 69 Stufen die (meist geschlossene) Tür zur St. Michaelskapelle über der Vorhalle. Über weitere 86 Stufen hinauf und durch den hölzernen Glockenstuhl, mit dem im Mittelalter üblichen Tretrad für Lasten, hindurch. Dann über 54 Stufen in die Wächterstube. Das kunstvolle Uhrwerk, das man hier sieht, verfertigte 1851 Joseph Schwilgué, der Erbauer der Straßburger Münsteruhr. Von hier über eine Holztreppe 35 Stufen zu den Glocken, deren Namen, Ton und Gewicht an den Tragbalken stehen. Die ‚Hosanna' (100 Ztr.) stammt von 1258 und ist die älteste Angelusglocke Deutschlands; sie läutet Fr. 11 Uhr. Die anderen 15 Glocken wurden 1959 von F. W. Schilling in Heidelberg gegossen.
Von der Wächterstube über eine luftige Wendeltreppe von 54 Stufen mit Tiefblicken auf das Münster zur Plattform in der Achteckhalle unter dem riesigen durchbrochenen Turmhelm, in den hinein man einen überwältigenden **Aufblick hat. Die letzten 30 Stufen führen zu einer freien Galerie, die den Ansatz der Pyramide umläuft. Von der Plattform und der Galerie prächtiger Tiefblick in die Altstadt. Das 1973 neu aufgemalte Zifferblatt der Uhr mit Tierkreis gleicht dem von 1500.
Da der Eingang zur Vorhalle meistens verschlossen ist, verläßt man das Münster durch den Seitenausgang an der Südseite. Rechts neben dem historischen Kaufhaus führt das Kaufhaus-Gäßle zur Schusterstraße hinauf.

Die alte schmale **Schusterstraße** ist seit 1969 Fußgängerzone und mit Steinen ausgelegt. Hinter einem Bogengang der rasenbedeckte Zierhof des Landgerichtsgebäudes. In seinem Seerosenbecken eine heitere Terrakottaplastik (1964; W. Schelenz), die drei phantastische Figuren von 3 m Höhe im Gespräch zeigt. Auf der Nordseite noch alte Häuser mit Namen. Erwähnenswert die Augustinerpassage mit alten Wandfresken und das Haus zu den drei Güldenen Schwänen (Nr. 33) mit restaurierter Holzdecke, Wandmalereien und schönem Treppenaufgang. Gegenüber das Haus zur Rebe (Nr. 34), ebenfalls ein mittelalterliches Haus mit Tiefkeller.

Man gelangt zur **Herrenstraße,** die Schwabentor und Karlsplatz verbindet und die als Reichsstraße schon vor der Stadtgründung bestand. Bis 1866 hieß sie schlicht Pfaffengasse, weil die Domherren hier ihre ‚Präsenzhäuser' hatten. Zunächst fesselt linker Hand die *Alte Münsterbauhütte* (15./16. Jh.), vor der verbrauchte Bauglieder lagern. Sie ist das letzte jener einstöckigen Fachwerkhäuser auf Steinsockel, wie sie einst in Freiburg zahlreich waren (vgl. S. 38). Die Bauhütte arbeitete hier 450 Jahre lang. Seit 1956 werden die Arbeiten nur noch in der neuen Münsterbauhütte ausgeführt. Im Obergeschoß wohnten einst die Türmer.

Nach Norden führt die Herrenstraße an einer Reihe von zweistöckigen Domherrenhäusern vorüber, die in den alten Formen wiederaufgebaut wurden. Beachtenswert sind die Portale und Erker: Das ‚Haus zum Güldin Stauf' (Nr. 19) wurde 1575 vom Basler Weihbischof Markus Tegginger erbaut, dessen Wappen den Erker ziert. Nr. 9 ist die Wohnung des Erzbischofs. Nr. 7 führt zum 1859 von dem Fabrikanten Paul Mez gegründeten *Evangelischen Stift*, in dessen großem Garten sich noch ein Stück Stadtmauer erhalten hat. Nr. 2, gegenüber von Nr. 7, erweist sich durch sein schönes Stabwerkportal als Überrest der zerbombten Burse zur Sapienz (1501), die 1496 für Theologiestudenten gestiftet worden war.

Gegenüber, unter Kastanien, die erst 1913 aufgestellte Bronzebüste des Theologieprofessors und Volksschriftstellers Alban Stolz (1808–83). Die schlichte *Konviktskirche* von 1826 dahinter trägt einen grünbehelmten Dachreiter und verdient einen Besuch wegen des kraftvollen Wandgemäldes ‚Christus der Kommende', das R. Seewald 1956 beim Wiederaufbau schuf. Die Kirche gehört zum Priesterseminar Collegium Borromaeum, einem großen Flügelbau von 1823 mit Garten, der anstelle des Kapuziner-Klosters steht. An der anderen Straßenseite das *Erzbischöfliche Ordinariat*, ein neuromanischer Bau von düsterer Wucht (1903–06), der anstelle des Allerheiligenklosters der Augustiner-Chorherren (1697–1800) erbaut wurde.

Nach Süden führt die Herrenstraße an dem stattlichen *Haus zum Landeck* (Nr. 39) vorüber, das von 1697 an das Stadthaus der Abtei Schuttern war und heute Kirchenbehörden dient. Über dem Portal ein Amtswappen.
Sehenswert die alten Tiefkeller aus dem 12. und 13. Jh., so in Nr. 56 (Schuhmacher).

Ecke Münzgasse neben einer Toreinfahrt das Wappen der *Freiburger Münze*, bezeichnet 1567. Freiburg war Münzstätte der

Zähringer Herzöge, dann der Grafen von Freiburg und hatte schließlich selbst Münzrecht (Breisgaupfennige). Ende des 13. Jhs. wurden hier die ersten ‚Rappen' geschlagen, Münzen mit einem Rabenkopf (eigentlich Adlerkopf). Diese gaben dem Rappenmünzbund von Basel, Breisach und Colmar den Namen und später dem Schweizer Geld überhaupt. Kaiser Maximilian gewährte der Stadt 1507 das Recht, Golddukaten zu prägen.

Die Gasse führt zu einem Parkhaus mit Schloßbergsteg, auf dessen Dach mehrere Einfamilienhäuser gebaut wurden, und zur Konviktstraße. An deren nördlichem Ende, der Schoferstraße, liegt die jetzige **Münsterbauhütte,** die 1911 errichtet und 1974 um einen Neubau erweitert wurde, in dem man eine Sammlung alter Skulpturen sehen kann. Eigentümer der Bauhütte ist der 1890 gegründete Münsterbauverein. 1963 wurde von 15 Mann ein Jahr lang eine Baubestandsaufnahme des Münsters erarbeitet, nach der nun die Erneuerungsarbeiten mit Hilfe von Stahlrohrgerüsten und Spezialkränen vor sich gehen. Zehn Werkleute arbeiten in der Bauhütte, teilweise noch nach alter Art, wobei die Kopie einer mittleren Figur etwa 3 Monate dauert. Die schönsten der alten Figuren stehen im Augustinermuseum.

Zwölf Sandsteinarten sind am Münster verwendet worden. Der romanische Bau wurde mit Steinen vom Lorettoberg erbaut, für den gotischen Bau erschloß man neue Steinbrüche im Umkreis von Emmendingen, bei Tennenbach, Allmendbach, Heimbach. Heute verwendet man Stein aus der Gegend von Freudenstadt. Kostenträger (2:2:2:1) sind: Münsterbauverein, Kath. Kirche, Land Baden-Württemberg, Stadt Freiburg. Besichtigung der ‚Münsterfabrik', wie die Bauhütte seit ihrem Bestehen heißt, ist möglich.

Neben der Münsterbauhütte fand man Reste der Stadtmauer, jetzt in der Schloßberggarage. Von hier zum Schwabentor führt an der verschwundenen Stadtmauer hin die enge, gewundene **Konviktstraße,** deren kleine Häuschen 1974–76 durch Neubauten in ähnlichen Maßen ersetzt wurden. Wohnungen, kleine Läden, Ateliers, Gaststätten, ein Hotel sind hier entstanden, ein neuer Anziehungspunkt in der Altstadt.

Eine Ladenpassage verbindet die Konviktstraße zusätzlich mit der Herrenstraße. Am Ende der Konviktstraße stößt man auf das Schwabentor.

Altstadtrundgang 2: Schwabentor – Augustinerplatz – Insel

Schwabentor – Oberlinden – Landgericht – Deutschordenskommende – Haus zum Herzog – Augustinermuseum – Insel – Museum für Neue Kunst – Adelhauserkloster – Museen für Völker-/Naturkunde.

Das spitzbogige **Schwabentor** (um 1250), das etwas jünger als das rundbogige Martinstor ist, hat seine heutige Gestalt erst wieder seit 1954, als man den zinnengekrönten Aufbau von 1901 abgetragen hat. Es war ursprünglich ein Schalenturm mit Wehrmauern nach außen und offener Innenseite. Über der Durchfahrt das ‚Dornmännle', ein altes Freiburger Wahrzeichen, das wohl an das Verlassen des Freiburger Rechtsgebietes mahnen sollte, darüber das jüngst erneuerte Bild eines ausfahrenden Weinwagens mit dem ‚großen Schwaben' (1672), der die Stadt kaufen wollte, außen sehr groß der Stadtpatron St. Georg (1903; F. Geiges). Oben über dem $5^1/_2$ m großen blauen Zifferblatt ein Umgang, darüber ein Zeltdach mit Dachreiterchen. Im Turm

oben die Zinnfigurenklause, in der man den ‚Bauernkrieg am Oberrhein' (Schwäbischer Bund, Müller von Bulgenbach) und Modelle der Schneeburg am Schönberg und der Burg Falkenstein im Höllental bewundern kann. Das Fachwerkhaus über der zweiten Tordurchfahrt wurde 1913 angebaut. Vom Tor aus wird der Schloßbergring durch den Schwabentorsteg (1970) überspannt, einer reizvollen Holzkonstruktion, die mit Hängestäben an dem durch ein Giebeldach verkleideten Tragelement hängt.

5 Min. östlich, oberhalb vom Schwabentor, liegt auf einer Felsnase das **Greiffeneggschlößle,** heute ein Restaurant mit Aufzugturm, Aussichtsterrasse mit Blick auf die Altstadt. Hermann von Greiffenegg, der letzte österr. Regierungspräsident, erbaute es 1805 am unteren Ende der französischen Schloßbergbefestigung. Von hier Aufstieg in 10 Min. zum Kanonenplatz (s. S. 73).

Der Schwabentorplatz, heute beherrscht vom Betonklotz einer Versicherung anstelle eines schönen Gründerzeitbaus, ist nur noch ein Verkehrskreisel, von ihm ausgehend führt der Augusti-

nerweg (‚Hexenwegle‘) am Südhang des Schloßberges unter den steil ansteigenden ‚Augustinerreben‘ hin zur Kartäuserstraße.
Die Salzstraße mündet zusammen mit der Herrenstraße in den dreieckigen Platz ***Oberlinden,** wo sich in Richtung Schwabentor das schönste Freiburger Altstadtbild bietet. Unter der alten Linde von 1729 (Naturschutz) der barocke Marienbrunnen (Fr. X. Hauser), Treffpunkt der Alten und der Kinder. Das Haus Nr. 2 ‚Zum alten Kameeltier‘ (Fa. Blattmann seit 1806) zeigt noch Rokokozierat von 1710. Das Hotel ‚Zum Roten Bären‘ ist Deutschlands ältester Gasthof, seit 1387 kann die Reihe der Bärenwirte lückenlos nachgewiesen werden.

Die **Bächle,** Freiburgs Zierde, durchfließen – heute vielfach verdeckt – die Altstadt in vielen Armen. Ein unterirdischer Zubringer bringt das Wasser unter dem Schloßberg hindurch heran, nachdem er in der Kartäuserstraße vom Gewerbekanal abgezweigt worden ist. Vor der Gaststätte ‚Schwabentor‘ in Oberlinden kommt der Wasserstrom ans Licht und verzweigt sich vor dem Oberlindenbrunnen in zwei Arme, von denen einer von der Herrenstraße, der andere (verdeckt) von der Salzstraße aus das weitere Bächlenetz speist. Im Mittelalter dienten die Bächle, die damals noch in der Straßenmitte liefen, ursprünglich der Brandbekämpfung und als Viehtränke; später wurden sie an die Straßenränder verlegt, wo sie nun zur Erfrischung der Luft und im Sommer zum Kühlen der vom Einkaufen ermüdeten Füße willkommen sind.

Von Oberlinden führt ein Abstecher in die 320 m lange **Salzstraße** zum Bertoldsbrunnen. An ihr lag im Mittelalter der Städtische Salzhof. Die Salzstraße wurde im 18. Jh. von Adel und Patriziat als Wohnsitz bevorzugt. In ihrem gebogenen Verlauf folgt sie einer alten Reichsstraße, die schon vor der Gründung der Stadt bestand.
Rechts das *Landgericht*, das vor seinem fünfstöckigen Neubau von 1965 die vierstöckige Fassade des Großherzoglichen Palais beibehalten hat. Dieser größte Adelspalast Freiburgs war 1769–73 von Michel d’Ixnard, dem französischen Klassizisten, für den Reichsfreiherrn Ferdinand von Sickingen erbaut worden, gehörte von 1809 an dem badischen Staat und wurde häufig von den Großherzögen bewohnt, 1920–44 ständig von Friedrich II. († 1928) und Hilda († 1952). Im Balkongitter und im Giebelfeld die Allianzwappen der Sickingen, auf dem Dach eine Balustrade mit Putten und Trophäen (J. Hör).
Die gegenüberstehende *Deutschordenskommende*, 1768 von A. Bagnato erbaut, ist 1986 mit historischer Fassade und modernem Kern wieder errichtet worden. Das Oberlandesgericht hat hier seinen Sitz.
Einige Meter weiter liegt links das schmale Haus ‚Zum Herzog‘ mit bunt bemaltem Renaissanceportal, 1708–1806 Stadthaus der Fürstäbte von St. Blasien und seit 1964 Stadtarchiv. Zurück an

Oberlinden stößt man rechts auf den großen gelbgetünchten Baublock des wohlerhaltenen ehemaligen *Klosters der Augustinereremiten*, das 1278 neben der Stadtmauer gegründet, im 14. und 18. Jh. erneuert und 1784 aufgegeben worden ist. Nachdem die Klosterkirche 1823–1910 als Stadttheater (das ‚Theäterle'; 700 Plätze) gedient hatte, zog hier 1923 das Augustinermuseum ein.

Das ***Augustinermuseum** gibt in reizvoller Raumanordnung einen guten Einblick in die Kunst des oberrheinisch-alemannischen Kulturgebietes. Der Kern des Gebäudes stammt noch aus dem Mittelalter, den Grundstock der Sammlungen bildet der Besitz des 1867 aufgelösten Dominikanerinnenklosters Adelhausen; dazu kamen dann die reichen Schätze des Erzbischöflichen Diözesanmuseums sowie die bedeutende Glasgemäldesammlung und Bauplastiken vom Münster.

Das **Erdgeschoß** enthält Werke älterer kirchlicher Kunst. In der ehemaligen Klosterkirche des 14. Jh. Glasfenster (1528) aus den Chorkapellen des Münsters, Prozessionsfahnen der Zünfte, z. T. großartige Figuren aus Altarschreinen, Bilder aus Tafelaltären: *Passionsaltar des Hausbuchmeisters (um 1480), gewirkte und gestickte Antependien und eine lange Vitrine mit illuminierten Chorgesangsbüchern und Wandbehängen aus dem Kloster Adelhausen. Am Chorende eine gewaltige Barockorgel aus Gengenbach (1730), die noch für Konzerte verwendet wird.
Im Kreuzgang Glasscheiben mit Heiligenfiguren (1520) aus dem Münsterchor und im Kreuzganghof fünf überschlanke, 2,7 m hohe **Prophetenfiguren (1320/30) vom Münsterturm. In der Schatzkammer u. a. ein *Kristallschnitt von 850, ein Scheibenkreuz von 1270, ein Altarkreuz von 1342, die Zepter der Universität von 1466 und 1512 und der Maltererteppich (Weiberlisten) von 1310. In der Sakristei: u. a. Grünewald, *Das Schneewunder (1519; bei S. Maria Maggiore in Rom); Baldung Grien, Maria und Schmerzensmann (1513), Madonna (1514?); Meister H. L. *Adam und Eva im Paradies, kleine Buchsbaumschnitzerei (um 1520). – Ein Seitenflügel enthält in drei Räumen Heiligenfiguren des Barock und Rokoko von Zürn, Faller, Hauser, Wenzinger.

Im **Keller** in zwei Räumen großartig aufgestellt 22 *Glasgemälde und 26 *Steinfiguren vom Münster, darunter die vier Sitzbilder der Grafen von Freiburg, Leuchterengel und neun der phantastischen Wasserspeier.

Der **I. Stock** zeigt neben kirchlicher Kunst vor allem bürgerliche Wohnkultur in einer Folge von möblierten Zimmern aus der Zeit des Rokoko, Empire und Biedermeier, dazu Sammlungen von Keramik, Porzellan, Glas und Schmiedeeisen.

Im **II. Stock** befindet sich die Galerie der Badischen Malerei des 19. Jhs.

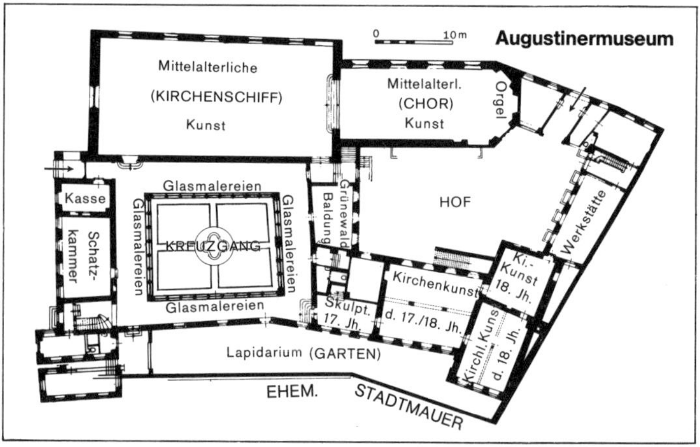

Aus der Sammlung des Museums werden wechselnd gezeigt: Porträts von Winterhalter (1805–91), Landschaftsmalerei von Bernh. Fries (1820–79), Schirmer (1807–63), Lugo (1840–1902), Dürr (1848–1940), Schönleber (1851–1916), Thoma (1839–1924) und Trübner (1851–1917). Eine Neuaufstellung der seit Jahren deponierten Volkskundesammlung ist geplant.

Die Stadtgeschichtliche Sammlung präsentiert das 1994 eröffnete Museum im Wenzingerhaus am Münsterplatz, eine Außenstelle des Augustinermuseums (s. S. 44).

Auf dem schmalen Gartenstreifen vor der Stadtmauer ein Lapidarium alter Freiburger Steinbildwerke, im Innenhof Münsterfiguren. In der Stadtmauer selbst eine Platte mit Doppeladler von einer ehem. Brunnenstube. Unterhalb, in einer früheren Gastwirtschaft, die Räume der ‚Museumspädagogischen Initiative' und eine kleine Galerie des Augustinermuseums. Im Obergeschoß die beliebte ‚Alemannische Bühne', die Mundartstücke spielt.

Der nach Süden abfallende Augustinerplatz, der erst 1826 angelegt wurde, weist an der Westseite noch einen Rest der Stadtmauer auf.

Ein Abstecher führt zum **Stadtarchiv,** Grünwälderstr. 15, in dem das Freiburger Verwaltungsschriftgut aufbewahrt wird. Es ist dank seiner Auslagerung im letzten Krieg heute wohl das bedeutendste seiner Art in Baden-Württemberg. Es hat 1964 ein neues Domizil erhalten, bestehend aus dem ‚Haus zum Herzog', einem Bau des

16. Jhs. in der Salzstraße, und dem rückwärts angeschlossenen Magazinbau, dessen Fassade von schmalen Lichtbändern aus feuersicherem Glas gebildet wird. (Ursprünglich wurden die Archivalien in den Hahnentürmen des Münsters aufbewahrt, von 1553 an in einem zweistöckigen Archivgewölbe (S. 70) hinter dem Rathaus, im Kaufhaus und anderswo.) Originell ist die als ‚Hohlspindel‘ konstruierte Wendeltreppe, eine der sechs, die noch in Freiburg erhalten sind. Im Lesesaal, der einst Speisesaal war, ein Deckengemälde ‚Hochzeit zu Kana‘ (18. Jh.).

Der Weg führt den Augustinerplatz hinunter links zum Gewerbebach in das Gebiet der sogenannten **Schneckenvorstadt,** die sich vom Schwabentor bis zur alten Universitätsbibliothek erstreckt. Die Schneckenvorstadt hat ihren Namen vielleicht nach einem Gasthaus am Martinstor, an dem sich eine ‚Schnecke‘, das ist eine Wendeltreppe, befand. Sie wurde unterhalb der südlichen Stadtmauer angelegt und von einem Gewerbebach durchzogen, damit Gerber, Färber, Metzger, Fischer, Müller, Steinschleifer (Ballierer) hier das Wasser für ihr Handwerk ausnützen konnten. Schon im 13. Jh. war diese Vorstadt von einer eigenen Mauer umzogen, und da sie innerhalb des französischen Festungsgürtels lag, blieb sie auch bis in unsere Zeit erhalten. Die Namen Gerberau, Fischerau, Metzgerau erinnern an die alten Handwerke, die sog. ‚Insel‘ an die Wasserläufe.

Vom Schwabentor gelangt man über eine Treppe hinunter in die **Insel,** Freiburgs malerischste Altstadtpartie. Hier fließt der Gewerbebach an einer Folge kleiner alter Häuser entlang, die noch ihre mittelalterlichen Namen tragen: Nr. 12 ist der ‚Graue Wolf‘ (1400), Nr. 10 der ‚Plawe Guller‘ (1392), Nr. 8 der ‚Bolz‘ (1798), Nr. 6 der ‚Dachs‘ (1460), Nr. 4 der ‚Rauhe Mann‘, Nr. 2 das ‚Gerbereck‘. Dieser Reihe gegenüber stehen am Bach die ehem. *Ölmühle* (Nr. 1a), ein Haus mit gewölbtem Bohlendach, heute Goldschmiedewerkstatt, und das stattliche ‚Haus zur Sichelschmiede‘, das in der Rokokozeit bemalt wurde und am Hauseck eine Madonna trägt (1746). Die aufgemalte Nr. 674 erinnert an eine Zeit, als Freiburgs Häuser noch durchnummeriert waren.

Im ehem. Schulgebäude das 1986 eingerichtete **Museum für Neue Kunst**. Hier sind Werke des 20. Jhs. von der klassischen Moderne bis zur Gegenwart (J. Bissier, O. Dix, A. Macke u. a.) ausgestellt. Der

Schwerpunkt liegt auf Künstlern aus der Region. – Die im 19. Jh. neu bebaute **Gerberau** weist Antiquariate und Trödelläden auf. – Die parallel verlaufende sehenswerte **Fischerau** folgt mit ihren alten Häuschen dem schnellfließenden Gewerbebach.

Jenseits des Gewerbekanals liegt, mit Brunnen unter Kastanienbäumen, der idyllische Adelhauser Platz. Hier steht das 1687–94 erbaute **Neukloster Adelhausen,** das für Dominikanerinnenklöster der Vorstädte erbaut wurde, die dem Vaubanschen Festungsring zum Opfer fielen; 1806 wurde es Lehrinstitut, 1867 endgültig aufgehoben.

Die ehem. **Klosterkirche,** ein schlichter roter Bau mit unvollendetem Giebel und Dachreiter, hat eine barocke Ausstattung mit drei prächtigen Altären in roter Marmorbemalung mit blauen Säulen (1730). Durch das Trenngitter sieht man einen ergreifend abgezehrten Kruzifixus (14. Jh.), der nach der Legende vor dem Weltende das Haupt ganz auf die Brust sinken lassen wird, eine Pietà, eine Muttergottes und eine hohe Steinfigur der Hl. Katharina (Ende 13. Jh.), einst Portalfigur am Katharinenkloster im Dorf Adelhausen.

Das **Museum für Naturkunde,** Gerberau 32, gibt einen guten Überblick über die einheimische Mineralien-, Tier- und Pflanzenwelt.

Im **Erdgeschoß** sind die Gesteine und Mineralien des Schwarzwalds („Armbruster"- und „Braunsche" Sammlungen), schöne Edelsteinsammlung mit den Werkzeugen der „Ballierer", sowie eine Vitrine mit fluoreszierenden Mineralien (Lichtschalter).
Der **I. Stock** ist der Zoologie gewidmet: die Tierwelt des Hochschwarzwalds, Vögel, Wasservögel, Schneckenmuscheln, Insekten und eine Lehrsammlung vom Einzeller bis zum Säuger.
Im **II. Stock** herrscht die Botanik: Schnittproben einheimischer Bäume, Farn- und Pilzausstellung. Durch einen Verbindungsgang gelangt man zum Bienenstaat, mit einem fesselnden Beobachtungsstock und einer Darstellung der Entwicklungsgeschichte der Imkerei.

Das 1895 gegründete **Museum für Völkerkunde,** Gerberau 32, wurde 1961 zur Tagung der Deutschen Gesellschaft für Völkerkunde wieder eröffnet. Die Sammlungen sind in zwei Stockwerken des hinteren Adelhauserklosters sehr gut aufgestellt.
Im 1. Obergeschoß findet man Asien und Südamerika, im 2. Obergeschoß die Südseeinseln und Afrika. Die schöne Südseesammlung kam schon vor 1914 durch Stiftungen Freiburger Bürger zusammen, die Ostasienstücke stammen z. T. von Expeditionen des Ethnologen Ernst Grosse († 1927). In neuester Zeit sind die Abteilungen der indianischen Kulturen in Nord- und Mittel-

amerika besonders bereichert worden: Kalksteinrelief eines Priesters, Mayakultur; präparierter Schädel aus Neuguinea; hölzerne Zwillingsfiguren und Bronzeköpfe aus Westafrika.
1995 wurde beschlossen, das Museum für Naturkunde und das Museum für Völkerkunde zum Adelhauser Museum zusammenzulegen. Eine Neuaufstellung der Sammlungen ist geplant.

Altstadtrundgang 3: Martinstor – Universität – Stadttheater

Martinstor – Bertoldstraße – Universität – Universitätskirche – Kollegiengebäude I–IV – Alte Universitätsbibliothek – Mensa – Breisacher Tor – Neue Universitätsbibliothek – Stadttheater.

Die Gerberau stößt auf die Kaiser-Joseph-Straße. Rechts neben dem Martinstor bietet die Markthalle, das „Freßgäßle", lukullische Vielfalt aus aller Welt. Das **Martinstor** ist ein 63 m hoher Bau aus Buckelquadern, der ein steiles Kupferdach trägt, das von vier Ecktürmen flankiert und einem 18 m hohen Dachreiter gekrönt ist. Es stammt noch aus der Zähringerzeit (um 1210), war aber bis 1900 mit 21 m nur etwa so hoch wie das Schwabentor heute. Der ‚Gotiker' Carl Schäfer hat seine Bedeutung dadurch zu steigern versucht, daß er es über die ‚stolzen' Nachbarhäuser des 19. Jhs. wieder entsprechend heraushob. 1986 wurde der Turm erneuert, das Bild des hl. Martin aus dem 18. Jh. jedoch übertüncht.

Durch das Martinstor gelangt man wieder zum Bertoldsbrunnen und von da aus in die breite, gebogene **Bertoldstraße.** Sie war 1944 fast völlig zerstört worden, ist jetzt aber wieder eine Hauptgeschäftsstraße. Ein reizvolles Ladenzentrum an ihrem Anfang ist rechts der überdachte und mit Blumen und einem Rondell geschmückte Bursengang, links führt die Universitätsstraße in ein wiederentstandenes Altstadtviertel mit engen Gassen und Studentengaststätten.

Die **Albert-Ludwigs-Universität** nimmt mit ihren Gemeinschaftsbauten und den drei großen Kollegiengebäuden für die Geisteswissenschaften das Südwestviertel der Altstadt ein; die Institute der Naturwissenschaften (s. S. 80) befinden sich im Norden, die Hauptanlage des Universitätsklinikums (s. S. 99) liegt im Nordwesten außerhalb des Stadtkerns, Universitätsstadion und Sportinstitut sind im Osten. Im Sommersemester 1995 zählte man mehr als 24 000 Studierende, darunter 2300 Ausländer. In 15 Fakul-

täten werden über 50 Fächer gelehrt. Mit ca. 10 000 Beschäftigten ist die Universität der größte Arbeitgeber in Südbaden; allein ca. 5000 Beschäftigte arbeiten im Klinikum. Die Stifterworte Erzherzog Albrechts im Jahre 1457: „Die Universitäten sind Brunnen des Lebens, daraus von allen Enden der Welt unversiegbare belebende Wasser tröstlicher und heilsamer Weisheit zur Löschung des verderblichen Eifers menschlicher Unvernunft und Blindheit geschöpft werden".

Geschichte. Die Universität Freiburg ist als neunte auf deutschem Boden 1457 von Erzherzog Albrecht VI. von Österreich gegründet worden, genehmigt durch eine päpstliche Bulle und kaiserliche Zustimmung, mit dem Bischof von Konstanz als Kommissar. Diese 1460 eröffnete *Albertina* sollte ein geistig-religiöses Zentrum in den österreichischen Vorlanden werden, kam aber jahrhundertelang über eine regionale Rolle kaum hinaus. Mit der Zahl ihrer Studenten – anfangs 100–200 – lag sie zunächst an 10., später an 20. Stelle unter den anderen.
Die gegen die Scholastik auftretenden neuen Bewegungen des 15./16. Jhs., Humanismus und Reformation, fanden kaum Boden, vielmehr wurden die theologische und philosophische Fakultät 1620 dem Jesuitenorden in die Hände gegeben. Nach dessen Vertreibung 1773 wirkte neben den breisgauischen Landständen der aus Wien vordringende Absolutismus modernisierend, schränkte allerdings auch die stets bewahrte Selbständigkeit weitgehend ein. Neue Naturwissenschaften, Naturrecht, Aufklärung lösten die Isolierung in mittelalterliche Verfassung und Lehre erst spät im 18. Jh. auf.
Das 1805 durch Napoleon neugeschaffene Land Baden, das sich unerwartet im Besitz zweier Universitäten sah, bezeigte dem protestantischen Heidelberg zunächst weit mehr Interesse als dem katholischen Freiburg, so daß die Weiterexistenz der Universität lange Zeit gefährdet war. Erst 1820 gab ihr Großherzog Ludwig ein neues staatliches Rechtsfundament, weswegen sie seitdem *Alberto-Ludoviciana* heißt.
Nachdem sie schon im Anfang des Jahrhunderts durch Rotteck und Welcker Anschluß an den vormärzlichen Liberalismus gesucht hatte, nahm die Universität von 1850 an einen glänzenden Aufschwung, die Zahl der Studenten stieg von 600 (1830) auf über 1000 (1890). Die Autonomie wurde 1889 wiederhergestellt, 1919 erweitert, die Zahl der Studenten wuchs um 1930 auf über 4000 an. Dann folgte die Gleichschaltung im totalen Staat und schließlich 1944 die Zerstörung der meisten Bauten, doch konnte im Jahre 1957 die 500-Jahr-Feier in wiederhergestellten Bauten begangen werden.

Einige **bedeutende Professoren** der neueren Zeit seien mit den Jahren ihres Wirkens genannt: die Theologen v. Hirscher (1837–53), Stolz (1847–57); die Juristen Welcker (1823–55), v. Amira (1875–92); die Historiker v. Rotteck (1798–1832), Kraus (1878–1901), Finke (1899–1928); die Kunsthistoriker Bauch (1933–65), Vöge (1908–15), Jantzen (1916–31); der Volkswirtschaftler Eucken (1927–50); die Philosophen Husserl (1916–28), Heidegger (1928–51); die Chemiker v. Hevesy (1924–38; Nobelpreis 1943), Staudinger (1926–51; Nobelpreis 1953);

die Zoologen Weismann (1873–99), Spemann (1919–38; Nobelpreis 1935); der Botaniker Oltmanns (1892–1945); die Mediziner Aschoff (1906–35, Pathologe), Lexer (1919–28, Chirurg), Uhlenhuth (1923–37, Bakteriologe); der Geologe Pfannenstiel († 1976); der Nationalökonom v. Hayek († 1992; Nobelpreis 1974); der Mediävist Friedrich Maurer († 1984); der Altphilologe Karl Büchner (†1985); die Romanisten Hugo Friedrich (1937–74) und Erich Köhler († 1986), der Physiologe Albrecht Fleckenstein († 1992), sowie der Immunbiologe Georges Köhler (Nobelpreis 1984, Honorarprofessor seit 1985).

Die sog. **Alte Universität** an der Bertoldstraße ist zusammen mit der anschließenden Kirche zwischen 1683 und 1720 als Kollegium für den Jesuitenorden erbaut worden, der auf Betreiben von Petrus Canisius 1620 die philosophische und z.T. auch die theologische Fakultät übertragen bekommen hatte. Zuvor lagen an dieser Stelle drei Bursen der Artistenfakultät (Geisteswissenschaften), und nach Aufhebung des Ordens 1773 war hier der Sitz der Universität bis zum Neubau von 1911. Das 1944 sehr zerstörte Gebäude wurde bis 1953 äußerlich in den alten Formen wieder aufgebaut, im Innern jedoch modern umgestaltet. In der langen gebrochenen Straßenflucht eine Nische mit Marienfigur, im Vorhof ein 14 m langer, abstrakter Wandschmuck in farbiger Putzkeramik nach einer Miniatur von Julius Bissier ausgeführt von R. Bampi, ferner ein Restaurant mit Sitzen im Freien. Der neugeschaffene *Innenhof, der frei zugänglich ist, ist durch zwei riesige Bäume (Linde und Platane) besonders stimmungsvoll und dient auch für Konzerte, Theateraufführungen und Tanzfeste. Vor dem Arkadengang eine kniende Bronzegestalt ‚Mädchen mit Taube‘ von Toni Stadler. Im Erdgeschoß Proben- und Arbeitsräume sowie ein ‚Kulturtreff‘, darunter ein viel benutzter Theatersaal (300 Plätze), in den Obergeschossen, zu denen u. a. eine Barocktreppe von 1727 hinaufführt, die Institute der forstlichen Abteilung.

Die kath. **Universitätskirche** (Hl. Jungfrau Maria), die sich in die Straßenfront einfügt, ist 1683–1701 nach Plänen des Ordensbruders Joh. Mayer erbaut worden, der schon die Jesuitenkirche in Solothurn entworfen hatte, und sie ist das bedeutendste Zeugnis kirchlicher Barockarchitektur in Freiburg. In der kraftvoll gegliederten Sandsteinfassade die Figuren der beiden Jesuitenheiligen Aloysius und Stanislaus Kostka, hinter dem wenig zur Geltung kommenden Chor ein kupferbeschlagenes Glockentürmchen mit Zwiebelhaube. Der klare, würdige Raum ist eine Wandpfeileranlage mit kannellierten Pfeilern, korinthischen Kapitellen und reichem Stuckzierat. Das 1944 beim Brand eingestürzte Tonnengewölbe ist seit der Wiederherstellung von 1957 fast ganz schmucklos, und auch die Apsis gähnt leer, seit der verbrannte Hochaltar durch eine grüne

Marmormensa ersetzt wurde. In den Kapellen standen einst Seitenaltäre aus dunklem Holz, ein Altarfragment mit dem Bild des hl. Petrus wurde 1986 wieder angebracht und die Orgel renoviert. In einer Kapelle ein geschnitzter Erlenblock, der die Immaculata in einer korallenartigen Umrahmung zeigt (1958; O. E. Hajek). Eine schöne, 1591 geschaffene Gedenkplatte im Chor zeigt den Augsburger Weihbischof Johannes Kerer († 1507), Universitätsrektor und Stifter der Burse zur Sapienz (S. 51). Die Orgel (1958) hat 35 Register und 2682 Pfeifen. In der Gruft unter der Kirche ruhen 56 Ordensbrüder, darunter mehrere Professoren.

Das **Kollegiengebäude II,** 1957–61 nach Plänen von O. E. Schweizer (Karlsruhe) errichtet, besteht aus zwei parallelen Baublöcken, deren Längswände durch Sandsteinrippen und Metalleisten gegliedert sind, während die Schmalseiten in roten und rosaroten Sandsteinquadern fensterlos aufsteigen. In die Front zur Bertoldstraße sind vier Läden eingebaut. Vor der Westseite ‚Die Liegende', eine ausgehöhlte Bronzeplastik von Henry Moore (1953/54). Nahebei erinnert eine runde Bronzeplatte im Boden an die am 10. November 1938 in der ‚Reichskristallnacht' niedergebrannte Synagoge, die seit 1870 dort stand (s. S. 42 und 102). Hier auch die Bronzebüste des Historikers und liberalen Politikers Karl von Rotteck (I. N. Zwerger, 1848), die 1981 aufgestellt wurde.

Das Gebäude, das die Juristische und Wirtschaftswissenschaftliche Fakultät beherbergt, hat eine gewaltige, durch zwei Stockwerke reichende Halle, an der unten das *Auditorium Maximum* für 833 Personen und zwei Hörsäle für je 450 Personen sowie eine große Halle mit Automatencafé liegen.

Hart an die Ostseite des KG II stößt der **Peterhof,** das im 16. und 18. Jh. erbaute Stadthaus des Klosters St. Peter. Es wurde 1944 bis auf die Heiligkreuzkapelle zerstört, 1960 wieder aufgebaut und für das Psychologische Institut neu eingerichtet. Am Treppenturm und an den Portalen, die u. a. zum ‚Zehntkeller' führten, noch drei Abtswappen. Im Südende hinter Rundfenstern die *Heiligkreuzkapelle* (1587), ein eigenwillig dekorierter Renaissanceraum mit niedrigem Kreuzrippengewölbe, das Wappen, Engel und Masken beleben, in Wandnischen die 12 Apostel und die 4 Evangelisten. Sie dient jetzt dem orthodoxen Gottesdienst und ist nur dann zugänglich. Der Weinkeller wird heute von einer Freiburger Gaststätte noch zur Weinlagerung benutzt.

Das **Kollegiengebäude III,** das Instituten der philosophischen Fakultäten dient, ist 1964–68 als Verbindungsglied zwischen KG II und KG I als fünfstöckiger Stahlbetonbau errichtet worden, dessen Hauptflügel den Universitätshof wirkungsvoll nach Osten abschließt. Das Erdgeschoß ist als sehr niedriger offener Durchgang ausgebildet. Eine Folge von drei kleinen Hörsälen mit kupfernen Zeltdächern, die den Übergang zum Peterhof bilden, öffnet sich mit großen Glasfenstern voll gegen den Rasenhof. Der schlichte Südflügel ist durch ein Treppenhaus an das KG I angeschlossen worden. Im Zentrum des 1964–69 geschaffenen Universitätshofes eine über 5 m hohe abstrakte Plastik ‚Heroischer Rhythmus IX' (1969; Berto Lardera).

Unter dem KG III hindurch gelangt man zum **Haus zur lieben Hand,** das in seiner zierlichen Rokokogestalt einen reizvollen Kontrast zu dem Betonriegel bildet. 1769 für den sanktgallischen Propst des Weindorfes Ebringen am Schönberg erbaut, wechselte es nach der Säkularisation mehrfach den Besitzer, diente von 1957–83 der Musikhochschule und wird seit 1989 von der Universität als Begegungsstätte, als Amtssitz des Rektors und als Geschäftsstelle des Frankreichzentrums genutzt. In der Giebelnische die liebliche Figur der Hauspatronin von F. Sporer (Original im Augustinermuseum); altes Treppenhaus, Stuckdecken in den Räumen.

Das heutige **Kollegiengebäude I** war bis 1960 die sog. ‚Neue Universität' und dient jetzt der philosophischen und theologischen Fakultät. Die umfangreiche Gebäudegruppe aus rotem Sandstein mit z. T. steilem Schieferdach wird von einem markanten Uhrturm mit grüner Kupferhaube überragt. Von dem Architekten Hermann Billing 1906–11 anstelle der Rempartkaserne errichtet, darf der Bau als eines der gelungensten und einfallsreichsten Werke des Jugendstils gelten, völlig frei von den damals noch beliebten historisierenden Bauformen.

Das oberste Stockwerk hat Hermann Billing 1936 noch selbst hinzugefügt, doch sind die einstigen grünen Halbkuppeln über der Aula und dem Eingang nicht mehr vorhanden. Sie wurden bei der Beseitigung der Zerstörungen von 1944 abgetragen. Auf der Außenwand kann man noch die Inschrift „Dem ewigen Deutschtum" lesen. Auf der

Süd- und Westseite fließt der Gewerbebach um das Bauwerk, aus dessen Hauptfront sich die ehem. Aula herauswölbt, daran die goldene Inschrift aus dem Johannes-Evangelium: ‚Die Wahrheit wird euch freimachen'. Rechts daneben das Relief des Universitätspatrons (Hl. Hieronymus); im Graben davor die Gestalt einer trauernden Frau auf hohem Sockel (Kalkstein, 1928, A. Rickert), Ehrenmal für die gefallenen Dozenten und Studenten. Den Haupteingang flankieren Bronzesitzbilder des Homer mit Leier und Aristoteles mit Schriftrolle (1914; C. A. Bermann). Auf dem Sockel der erste Satz aus Aristoteles' Metaphysik in griechischen Lettern („Alle Menschen streben nach Wissen"). In der Vorhalle der elliptischen Aula Marmorbüsten der Großherzöge Friedrich I. und II., Tafeln mit den Namen bedeutender Stifter von 1496 bis 1922 und ein erschreckend figurenreiches Wandbild ‚Prometheus bringt den Menschen das Himmelsfeuer', von dem Thomaschüler Adolf Bühler. Im Dachgeschoß (Theologische Fakultät) Porträts von österr. und bad. Regenten.

Die **Alte Universitätsbibliothek** ist ein Werk des ‚Gotikers' Carl Schäfer, der auf dreieckigem Grundriß 1896–1902 einen Bau schuf, dessen gebogene Ostfront mit dem Magazin dahinter noch heute anspricht, während die spitz zulaufende Eingangsseite nicht mehr gefällt. Der unter dem Gebäude hindurchfließende Gewerbebach trieb zuvor die Paradiesmühle; auf dem Giebel nistete noch 1958 der Storch. Ein käfigartiger Einbau aus Beton und Glas schließt die von Bomben geschlagene Lücke im Südflügel. In der Vorhalle eine Gedenktafel für die acht Bombenopfer beim Fliegerangriff 1944. Wohlgelungen ist der in den Lichthof neu eingebaute große Lesesaal mit Oberlicht. Nach gründlichem Umbau (1978–85) dient die ehemalige Bibliothek nun als **Kollegiengebäude IV** einem Teil der Philosophischen Fakultät. Vor dem Eingang eine Skulptur ‚Marsyas' (Hrdlicka; 1984).

Gegenüber, auf der sog. Hochallee, einer einstigen Bastion des Vaubanschen Festungsringes von 1677, liegt in einem Park die 1957–63 erbaute **Mensa,** ein großer Glaskasten, aufgehängt in einem dunkelblauen Stahlrahmen mit Außenträgern, der 770 Studenten Platz bietet. An der Südwand innen ein großflächiges Mosaik aus blau/rot/schwarzen Fliesen (B. Jäger). Ein kleiner Querflügel enthält ein Studentencafé mit Sitzen im Freien.

Wenige Schritte östlich, an der Ecke Rempartstraße/Gartenstraße steht das **Breisacher Tor,** das einzige erhaltene Tor der bastionären Befestigung der Franzosen von 1677; der Ostflügel des grau/gelb verputzten Baues ist abgerissen worden. Nördlich davon, an der Metzgerau, steht noch die Metzig, ein einstöckiger

Bau mit Wappen von 1776, der jetzt als *Haus an der Mehlwaage* Ausstellungshalle der Künstlervereinigung ist.
Die Altstadt wird von dem langen Werthmannplatz, einem Teil des Stadtringes begrenzt. Gegenüber, neben der Universitätsbibliothek weitere Institute der Geo- und Forstwissenschaftlichen Fakultäten.

Die **Neue Universitätsbibliothek** steht anstelle des abgerissenen Rotteckgymnasiums. Der imposante sechsstöckige, horizontal betonte, braun bemalte Betonbau (1973–78) hat zwei große Lesesäle mit 1000 Lese- und Arbeitsplätzen (4. u. 5. OG) und ein Freihandmagazin mit ca. 200 000 Bänden. Im Hauptgeschoß (2. OG) befinden sich die Kataloge, Bibliographien, die Leihstelle und ein Ausstellungsraum. Die Bibliothek hat rund 2,8 Mio. Bände, über 600 000 Dissertationen und 4700 Handschriften und Inkunabeln.
Eine Fußgängerbrücke verbindet die Universitätsbibliothek mit den Kollegiengebäuden über den Werthmannplatz. Sie ist mit zwei Marmorplastiken geziert, die die Rollenklischees Mann-Frau anprangern (1979; Joachim Schmettau).
Rechts neben der Universitätsbibliothek, auf ehemaliger Festungsbastion das **Stadttheater,** das 1906–10 von H. Seeling (Berlin) in neubarocken Formen in Freiburgs ‚reichster' Zeit erbaut und nach der Zerstörung von 1944 in einfacheren Formen ohne den geschweiften Giebel und die auffällige rote Kuppel 1949 wiederhergestellt wurde. Der plastische Schmuck und die zwei Pylonen sind Jugendstilwerke von H. Feuerhahn. Das Theater beherbergt außer dem *Großen Haus* (1068 Plätze) für Oper, Operette, Schauspiel, Ballett und Symphoniekonzerte die *Kammerspiele* (99 Plätze), die *Podiumsbühne* (261 Plätze) für modernes Schauspiel und das *Theatercafé* (99 Plätze). Der Bau ist auf der Westseite 1974 durch einen Anbau wieder abgeschlossen worden. Ursprünglich wurde Theater im Kornhaus auf dem Münsterplatz gespielt, 1823–1910 im Augustinerkloster.
Jenseits der Bertoldstraße das 10stöckige Behördenhochhaus des Regierungspräsidiums.

Altstadtrundgang 4: Colombipark – Rathäuser – Kartoffelmarkt

Verkehrsamt – Schwarzes Kloster – Colombischlößle – Museum für Ur- und Frühgeschichte – Rathausgasse – Rathausplatz – Neues und Altes Rathaus – St. Martin – Turmstraße – Gerichtslaube – Franziskanerstraße – Haus zum Walfisch – Merianstraße – Unterlinden – Kartoffelmarkt

Der Werderring geht nun in den breiten Rotteckring über. An der *Freiburg-Information,* dem laubenumzogenen Eckhaus rechts, erinnert eine Tafel daran, daß der Historiker und liberale Politiker Carl v. Rotteck (1775–1832) hier gewohnt hat. Hier beginnen die Stadtführungen und Busrundfahrten.

Der große gelbe Block gegenüber war einmal das 1695 neugegründete sog. **Schwarze Kloster** der schwarzgekleideten Ursulinen (Tafel), das nach der Säkularisation als Mädchenschule fortgeführt wurde, die heute noch in der Eisenbahnstraße weiterbesteht. Nur an ihrem Dachreiter kenntlich ist die sehenswerte ehem. **Ursulinenkirche* (1708–10), die seit ca. 1877 den Altkatholiken dient, ein Kleinod des Rokoko mit Bandelwerk auf der zartgetönten Stuckdecke, zweigeschossiger, elegant vergitterter Nonnenempore und zierlicher Kanzel hoch in der Südwand. Das Klostergebäude dient heute u. a. dem 1827 gegründeten Kunstverein, der Städtischen Galerie für Ausstellungen, der Volkshochschule und einem Café mit Sitzen im Freien. Vor dem Kloster unter Bäumen der *Raufbubenbrunnen* (1931) und das *Mahnmal für die NS-Opfer*, ein bronzener Baumstamm mit zerstörter Krone (1975; W. Schelenz) und eine Aluminiumschlange (1966; E. Paolozzi), die im Volksmund auch ‚Kindersärgle' heißt.
Am Rotteckring liegen weiter nördlich der hohe Block des Colombi-Hotels (1957) und ein Bankgebäude, das anstelle des 1944 zerstörten und leider nicht mehr aufgebauten Predigerklosters steht, das 1236–1794 bestanden hatte; ein großes Bronzerelief (1967; Gisela Bär) an dessen Wand zeigt den berühmten Scholastiker Albertus Magnus (1193–1280), der hier 1240–42 gelehrt hat. Kaiser Sigismund (1414), Papst Johannes XXIII. und Kaiser Maximilian haben in dem einst großen, schon 1804 weitgehend abgerissenen und 1944 fast völlig zerstörten Dominikanerkloster gewohnt. – Neben dem Hotel der *Fasnet-Brunnen* (1960; Fr. Spiegelhalter), den ein bronzener ‚Flecklehäs' krönt, eine typisch alemannische Fasnachtsfigur in Lappenkostüm mit Holzmaske und erhobener Ratsche.
Vor dem schräg gegenüberliegenden ehem. französ. Grandhôtel der dreieckige kleine Fahnenbergplatz, in dessen Grünanlagen vor einer Fontäne das *Vertriebenendenkmal* (1969; Claus Pfeifer) steht, ein mächtiger Betonklotz in Form eines herausgeschnittenen Segmentes mit der Aufschrift ‚Unvergessene Heimat'. Von Fahnenberg war der Adelstitel, den der Stadtschreiber Dr. F. F. Mayer dafür erhielt, daß er 1713 den an dieser Stelle eingebrochenen Franzosen aus eigener Initiative die hoffnungslos eingeschlossene Stadt übergab und so ihre Zerstörung verhinderte.

Ein Schmuckstück am Westrand der Altstadt ist der **Colombipark,** der 1858 auf einer ehem. Bastion des Vaubanschen Festungsringes für das villenartige **Colombischlößle** angelegt

wurde. Diesen zierlichen Backsteinbau in englischer Neugotik mit zwei Ecktürmen ließ sich 1859 die Witwe des spanischen Diplomaten Salvador de Zea Bermudez nach den Plänen des Freiburger Universitätsbaumeisters G. J. Schneider erbauen, mit gußeisernem Treppenhaus nach der damals neuesten Mode. Gräfin Maria Antonia de Zea Bermudez y Colombi bewohnte das Haus mit ihrer verwitweten Mutter und ihrer dann jungverstorbenen Tochter recht glücklos.

Auf der Südseite mit etwa 600 Rebstöcken der letzte Weinberg (Glaciswein) inmitten der Freiburger Altstadt und der bronzene *Schnecklereiter-Brunnen* (1906; K. Taucher), ein liebenswürdiges Werk des Jugendstils; an der Ostseite ein *Springbrunnen* und eine steinerne *Flora* (1932; W. Merten).

Seit 1981 beherbergt das Schlößchen das **Museum für Ur- und Frühgeschichte.** Die Ausstellung umfaßt archäologische Funde aus Südbaden zu Urgeschichte, römischer Zeit und frühem Mittelalter (Alemannenschatzkammer).

Durch eine Unterführung kommt man in die enge **Rathausgasse** (bis 1845 Egelgasse), die dem Fußgänger zum Einkaufsbummel gehört. Die meist schmalen alten Häuser tragen fast alle noch ihre Namen aus dem 14./15. Jh. (z. B. Zum blauen Sperber, 1438; Zum geilen Fisch, 1390; Zur Fenchelstaude, 1460). Rathausgasse Nr. 15 ist das stattliche Haus zu unserer Frauen Berg, dessen Name seit 1565 belegt ist. Der barocke Neubau von 1713 ist ein Beispiel der Architektur des Freiburger Großbürgertums und niederen Adels aus dem frühen 18. Jh.

Im Nordwestviertel der Altstadt bildet den Mittelpunkt der **Rathausplatz,** an dem die beiden Rathäuser und die Martinskirche liegen. Angelegt wurde er 1845 anstelle des Kreuzganges dieser Kirche, von dem die schönen Maßwerkfenster (13. Jh.) des Ostflügels noch erhalten sind. Zwischen den Kastanienbäumen über einem Brunnen auf allzu hohem Sockel steht die Figur des Bertold Schwarz (1853; A. Knittel), der als Franziskanermönch und Alchimist um 1353 hier das Schießpulver erfunden haben soll. Am Kreuzgang die kleine St. Antoniuskapelle sowie eine Tafel für die Klosterinsassen Schwarz und Thomas Murner († 1537) und den Volksschriftsteller Heinrich Hansjakob, der

1884–1913 Stadtpfarrer an St. Martin war und an den im Obergeschoß noch ein Hansjakob-Zimmer erinnert. Ein Gang führt zu dem stillen Pfarrgarten neben dem Chor.

Die Stadtpfarrkirche **St. Martin** ist ein Bauwerk der frühen Gotik, das der Franziskanerorden errichten konnte, nachdem Graf Konrad von Freiburg den auch ‚Barfüßer' genannten Bettelmönchen die Martinskapelle und etwas Baugrund zugewiesen hatte. Der einschiffige Chor wurde 1262, das dreischiffige Langhaus 1318 errichtet. Da die Ordenskirche nur einen Dachreiter hatte, kam nach der Umwandlung in eine Pfarrkirche (1784) 1890/93 ein Turm an der Südseite des Chores hinzu, dessen allzu hoher Helm aber nach der Zerstörung 1944 durch ein flaches Zeltdach ersetzt wurde. Das Sonntagsportal und die Strebepfeiler an der Westfront stammen von der Barockisierung 1719.

Inneres: Der hohe Kirchenraum erhielt beim Wiederaufbau 1952–56 seinen herben, nüchternen Charakter voll zurück. Zwölf sehr schlanke Rundstützen (jetzt aus Beton) gehen ohne Kapitelle in Spitzbögen über, darauf ein flaches Holzdach. Licht geben hochgelegene Rundfenster und die Seitenschiff-Fenster, die die Gaben Gottes an die Menschheit behandeln (1960; A. Baumhauer); vom gleichen Künstler stammen auch die Mosaiken über dem Chorbogen und die Kreuzwegstationen.
Im Chor blieb das schöne Kreuzrippengewölbe erhalten, in den Maßwerkfenstern Glasgemälde von Fritz Geiges (1886). Der breit geöffnete Altarschrein von 1887 wurde von A. Martin aus Kiedrich gearbeitet. Das nördliche Seitenschiff wird nach Westen hin schmäler. Im Mittelalter trennte ein Lettner den Mönchschor vom Predigtraum, dessen Wände ganz ausgemalt waren. Der neue *Zelebrationsaltar* von Joseph Henges (1975) ist ein durchbrochener Würfel aus Mainsandstein, aus dessen Kanten in Bronze die Evangelistensymbole hervorragen. Das *Martinsbild* von ca. 1480, das aus dem Münster stammt, zeigt den Heiligen und den Bettler vor der Stadt Freiburg; die älteste Stadtansicht, wie man annimmt.

Die 1894 auf der Nordseite angebaute *Marienkapelle* ist Standort der sog. *Weißen Madonna* (1910). Bei Bauarbeiten 1974 wurden unter dem Langhaus die Fundamente der St. Martinskapelle des 12. Jhs., unter dem Chor eine Mönchsgruft gefunden.

St. Martin

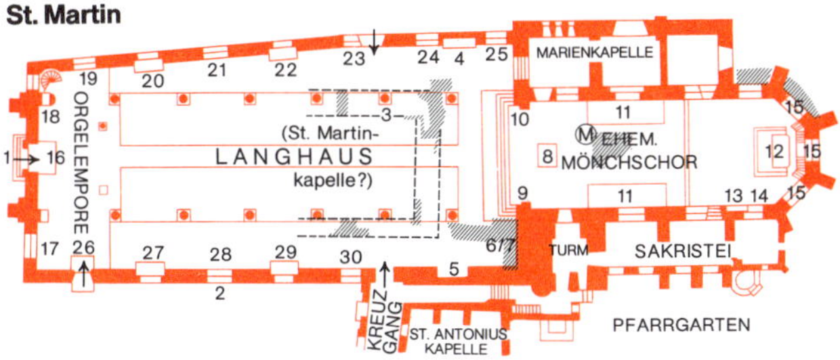

AUSSTATTUNG

1 Maria, Franziskus, Antonius, 1719
2 Kreuzigungsgruppe, 1892
3 Kanzel, 1950
4 Marienkrönung, 1420
5 Hl. Grab 1890, Fresko Grablegung und Auferstehung (15. Jh.)
6 Taufstein, 1976
7 Hl. Martin, 15. Jh.
8 Zelebrationsaltar, 1975
9 Lesepult, 1975
10 Sedilia, 1976
11 Chorgestühl, 1951
12 Hochaltar, 1867/77
13 Gotische Wandnische (14. Jh.)
14 Grabstein, 1660
Fundamente Ⓜ Mönchsgruft

GLASGEMÄLDE

15 Dreifaltigkeit, hl. Martin
16 Hl. Cäcilie u. 4 Heilige
17 Der hl. Martin fällt einen Baum, der ihn erschlagen sollte
18 Mantelteilung des hl. Martin
19 Taufe Jesu
20 Pfingsten
21 Abendmahl
22 Magdalenas Fußwaschung
23 Jesu Krankenheilung
24 Priesterweihe
25 Hochzeit zu Kana
26 Schöpfung
27 Vertreibung aus dem Paradies
28 Opfer des Noah
29 Das Mannawunder
30 Moses schlägt Wasser aus dem Felsen

Das sog. **Neue Rathaus** ist 1896–1901 dadurch zu seiner heutigen Gestalt und Bestimmung gekommen, daß zwei parallele Giebelhäuser durch einen quergestellten Ratssaalbau (alter Ratssaal) über Arkaden verbunden wurden. Die beiden alten Häuser hatten vom 16. Jh. bis 1895 der Universität gedient, zunächst sogar als Hauptgebäude. Die beiden übereckgestellten Erker zeigen zierliche Reliefs, der linke als Hauptstück ‚Jungfrau und Einhorn‘ (1545). Auf dem Giebel im kupfernen Dachreiter ein Glockenspiel, das um 12.03 Uhr spielt (u. a. die Weise ‚Wem Gott will rechte Gunst erweisen‘). Die dreibogige Halle führt in einen malerischen Hof mit zwei Treppentürmen und dem alten Hoftor der ‚Academia Friburgensis‘ in der Abschlußwand (1580). Sehenswert sind die im Rokokostil ausgestattete *Aula* (1756) der einstigen Universität mit reicher Stuckdecke, der *Alte Ratssaal* (1900), der u. a. für Empfänge und Vorträge benutzt wird, und der *Neue Ratssaal* (1969–71) mit Sitzen für die Gemeinderäte, ZuhöreremPORE und offenem Dachgebälk. Der Hof dient im Juli/August zu Freilichtaufführungen. Im Ratskeller spielt seit 1971 das 1953 gegründete kleine *Wallgrabentheater*. Im Pflaster vor dem Rathaus die Wappen der Stadt Freiburg und ihrer Partnerstädte (s. S. 25).

Das **Alte Rathaus,** nach dem Brand von 1944 in alter Gestalt wiederhergestellt, ist ein ziegelroter spätgotischer Bau von 1556–61 mit Treppengiebeln und goldgerahmten gekoppelten Fenstern. Hier haben Bürgermeister und Rat seit Jahrhunderten ihren Sitz. Der Giebelbau links, der erst 1600 hinzugefügt wurde, hat unten eine jetzt verglaste Einfahrt, oben über dem habsburgischen Doppeladler ein schmiedeeisernes Glockenstühlchen. Im Pflaster vor dem Portal ursprünglich bunte Bemalung des Hauses ist verlorengegangen. Sehenswert im Innern ist der spätgotische Treppenturm, die ‚Rathausschneck', mit einer spindellosen Wendeltreppe aus Tennenbacher Sandstein von 1558. Noch ungeklärt ist die Funktion der gepflasterten Halle im Anschluß an den Giebelbau, die Archäologen 1989 freigelegt haben. Die Basen der Arkadenpfeiler weisen in die Zeit des Rathausneubaus.

Die Turmstraße, links mit hübschen alten Häusern (sehenswert die ‚Zunftstube der Narren', geöffnet Sa 10–14 Uhr), führt westlich zum Hof des Rathauses, der auf zwei Seiten von modernen Rathausflügeln umgeben ist. Hier steht das älteste Ratsgebäude der Stadt, ein Staffelgiebelbau, der unten eine ehemals offene **Gerichtslaube** von 1278 enthält, darüber einen 1552 aufgesetzten Ratssaal, zu dem eine gedeckte Treppe mit Maßwerkbrüstung hinaufführt. Das rückwärts anschließende Archivgewölbe enthält im oberen Raum noch die 278 hölzernen Schubfächer für die Akten. Der 1944 zerstörte Bau wurde u. a. aus freiwilligen Spenden wiederaufgebaut (1970–79) und dient der Stadt zur Repräsentation für Empfänge und Ausstellungen.

Die Nordseite der Martinskirche entlang führt ein Abstecher von der Merianstraße in die Franziskanerstraße mit schönen Gebäuden des Historismus. Das „Haus zum Pilgerstab" war von 1531 bis zu seinem Umbau 1778 Studentenburse. Weiterhin wird die Franziskanerstraße flankiert von den neugotischen Gebäuden der 1826 gegründeten Öffentlichen Sparkasse (1909/11; C. A. Meckel). Dem Chor gegenüber steht das in die Sparkasse einbezogene ***Haus zum Walfisch** (1516), das ein virtuos in Maßwerk gearbeitetes Portal mit Erker darüber aufweist. Der Erbauer war Jakob Villinger, Schatzmeister Kaiser Maximilians, berühmte Gäste waren Erasmus von Rotterdam (1529–31), Kaiser Ferdinand I., der hier beim Kaiserlichen Rat Böcklin logierte, der Graf von Schauenburg und andere. Grotesk der rechte Wasserspeier mit Kropf.

Zurück auf der zweiten Hauptachse des Nordwestviertels führt von der Merianstraße der Straßenzug Unterlinden-Schiffstraße als Fußgängerzone zur Kaiser-Joseph-Straße. Auf dem dreieckigen Platz ‚Unter den Linden' ein Kruzifixus und ein Brunnen (1890; J. Seitz). Die Nordseite der Schiffstraße nimmt der große Büro- und Ladentrakt *Schwarzwald-City* ein, dessen Angleichung an das Freiburger Stadtbild nur von oben zu erkennen ist.

Am gegenüberliegenden **Kartoffelmarkt** bildet das silberglänzende Herder-Haus (Buchhandlung, 1968) einen nicht besonders reizvollen Kontrast zu dem roten, gotisch nachempfundenen Sparkassenbau (1909–11) mit wappengeschmücktem Hoftor, Treppenturm, Schalterhallen und weißem Reliefporträt Maximilians I., dessen Zeit hier wieder erstehen sollte. Den neugotischen *Rau-Brunnen*, Stiftung des Stadtverordneten Ludwig Rau, krönt eine bronzene Wasserträgerin mit vier Kindern (1900; L. Kubaneck), die auf das bunte Treiben von Kleinhändlern herunterblickt.
Von hier aus gelangt man wieder zur Kaiser-Joseph-Straße und zu dem Bertoldsbrunnen, dem Ausgangspunkt des Stadtrundgangs.

DIE ÄUSSEREN STADTTEILE

1. Der Norden: Neuburg, Herdern, Zähringen

Neuburg

Der Stadtteil, der bis zur Hermann-Herder/Johanniterstraße reicht, ist schon im 13. Jh. angelegt und ummauert worden, wurde jedoch als Glacis des französischen Festungsringes nach 1677 eingeebnet, so daß keine mittelalterlichen Gebäude erhalten sind. Die an ihrer Stelle um 1820 im klassizistischen Stil angelegte ‚Leopoldstadt' ist 1944 mitsamt der Ludwigskirche den Bomben zum Opfer gefallen. Heute liegen im Gebiet der Neuburg u. a. der Stadtgarten, der Alte Friedhof, das Heiliggeistspital und die Universitätsinstitute.

Vom Siegesdenkmal nach Westen läuft der 700 m lange Friedrich-Ring, Sitz von Versicherungen und Banken. Auffällig die ehem. Französische Kommandantur, die von der Universität genutzt werden soll, und am Ende der Straße die *Gewerbeschule II* und *III* (1966; A. Kalchschmitt) mit modernem Erweiterungsbau. Unter der Mittelkuppel ein **Planetarium,** das Studiendirektor Richard Fehrenbach entworfen und in 12jähriger Arbeit erbaut hat. In der Kuppel von 10 m Durchmesser werden mit ferngesteuerten Projektoren Fixsterne, Planeten, Satelliten sowie Sonne und Mond projiziert. Die (vermeintliche) Drehung des Sternhimmels innerhalb von 24 Stunden kann in $4^1/_2$ Minuten vorgeführt werden und zwar von verschiedenen Standpunkten aus (z. B. Tokio, Kapstadt). Mehr als 20 000 Besucher nehmen pro Jahr an den Vorführungen teil.

Nach Osten führt der Leopoldring zum Karlsplatz, der im 18. Jh. noch Exerzierplatz der Karlskaserne war, im 19. Jh. Stadtgarten, zuletzt Omnibusparkplatz. In den Jahren 1967–70 ist hier der Gebäudekomplex **Karlsbau** entstanden, der über einer Tiefgarage das fünfgeschossige Novotel, ein Kongreßgebäude, ein Café-Restaurant und ein Ladenzentrum umfaßt. Davor ein Wasserspiel (1970) mit Wappenmosaiken von Freiburgs Partnerstädten Besançon, Innsbruck, Padua, Guildford, Madison, Matsuyama, Lwiw und Granada. Am Platzende der ADAC-Pavillon und der elegante, nur 25 cm starke *Karlssteg* (1970) in Spannbandkonstruktion, der in den Stadtgarten führt.

Der **Stadtgarten** (E3; 2,85 ha), der 1887 angelegt wurde, stellt in seiner heutigen Form die Verbindung zwischen Altstadt und Schloßberg her. Er besitzt schöne Blumen- und Gewächsanlagen, darunter einen Steinpflanzengarten, seltene Gehölze, wie Wasserlärche, Sumpfzypresse, Felsenbirne, und einen Teich. In dem spitzzeltartigen Musikpavillon in moderner Holzbauweise finden die beliebten Sonntagskonzerte statt. Zahlreich sind die Gartenplastiken: der Erpel, eine Tonplastik von R. Bampi (1954) mit der Inschrift ‚Die Kreatur klagt, klagt an und mahnt', erinnert an einen Erpel, der die Umwohnenden durch Schnattern vor dem großen Bombenangriff (27. 11. 1944) gewarnt hat; ‚Die Liegende' von R. Engelmann (1911) und ‚Die Eule' von Eva Eisenlohr sind zwei der in Freiburg zahlreichen Jugendstilwerke, die Globus-Sonnenuhr ist ein Werk der Steinmetzschule, das steinerne 113er Denkmal, ein Stahlhelm auf hohem Pfeiler, ist ein Werk von A. Meckel (1926).

Der *Mozartsteg* führt zwischen dem Albertus-Magnus-Haus der kath. Akademie (1962) und dem Wohnungsamt der Stadt, einem klassizistischen Bau, zum neuen Teil des Gartens, einem steilen Rasenhang, über den ein Serpentinenweg und Treppen, an einer Bocciabahn, Minigolfbahn und Liegewiese vorüber, hinauf zum Rest. Dattler am Burghaldenring führen. – Auch die Schloßbergbahn führt vom Stadtgarten in 3 Min. hinauf zum Terrassenrestaurant Dattler, von dem aus man einen herrlichen Blick auf die Stadt hat.

Der **Schloßberg** (E3; 452 m), Schicksalsberg der Stadt, um den Freiburg herumgebaut wurde, ist eine vorgeschobene Waldkuppe des Schwarzwaldes, die vom frühen Mittelalter an das Schloß der Herren von Freiburg trug, von dem jedoch fast nichts mehr erhalten ist. Zugang über den Schloßbergring vermitteln Fußgängerbrücken am Schwabentor, an der Hermannstraße über den Steg der Schloßberggarage und vom Stadtgarten aus. Der Westhang ist als Parkanlage gestaltet, am Südhang liegen Weinberge des Heiliggeistspitals. Einen aussichtsreichen Spaziergang ermöglicht der *Burghaldenring* (350 m), der in $^{3}/_{4}$ Std. um den Gipfel herumführt. Beliebtester Punkt ist seine Südwestecke, der Kanonenplatz, eine baumbestandene ehem. Bastion, zu der man vom Schwabentor in 10 Min. hinaufsteigen kann. Hier hat man einen Blick über Freiburg und das Dreisamtal aufwärts in den Schwarzwald. Der große steinerne Greif auf dem Kanonenrohr ist das *Kriegerdenkmal* (1920; R. Bob) des Artillerieregiments 76 für die Gefallenen der Weltkriege. Der isolierte Felskopf, 5 Min. über dem Kanonenplatz, ist die *Ludwigshöhe* (376 m; Orientierungstafel), wo sich noch Reste der Burg erhalten haben. Auf der Höhe weiter östlich, jenseits des einstigen Halsgrabens, steht der *Bismarckturm* (O. Geiges) aus rotem Sandstein, wie sie in gleicher Form um 1900 zu Dutzenden in Deutschland gebaut wurden.

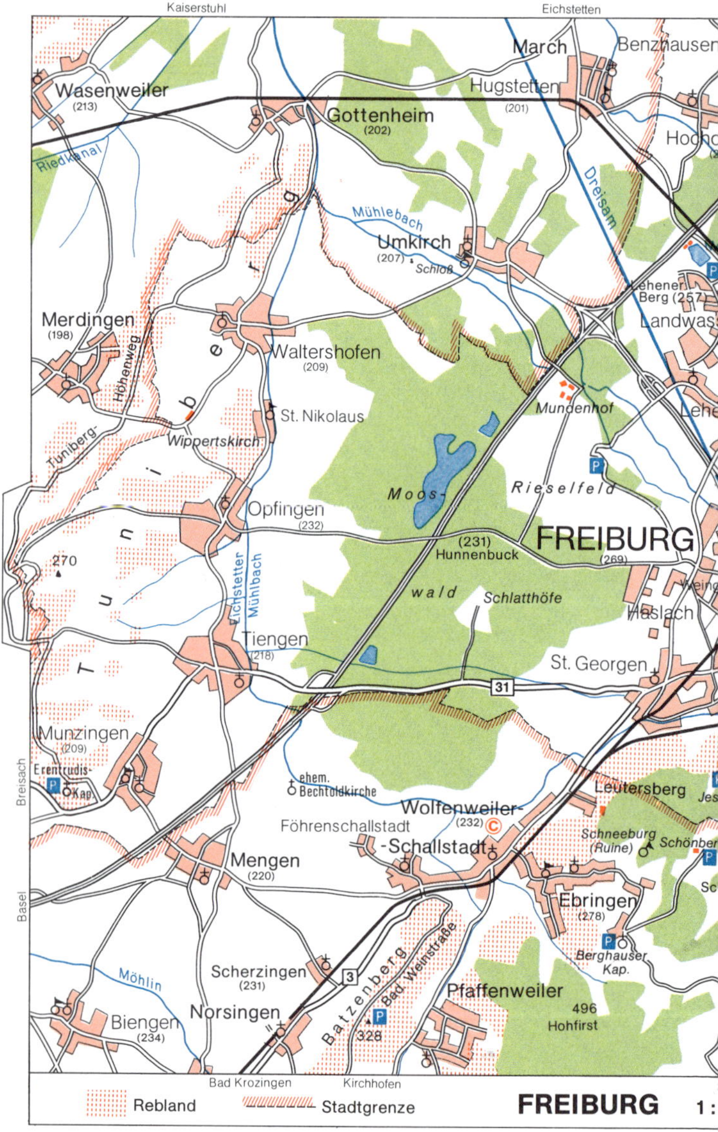
Kaiserstuhl
Eichstetten
March
Benzhausen
Wasenweiler
(213)
Hugstetten
(201)
Gottenheim
(202)
Riedkanal
Dreisam
Mühlebach
Umkirch
(207)
Schloß
Lehener Berg (257)
Merdingen
(198)
Höhenweg
Waltershofen
(209)
St. Nikolaus
Mundenhof
Tuniberg-
Wippertskirch
Tuniberg
Moos-
wald
Rieselfeld
Opfingen
(232)
FREIBURG
(231)
Hunnenbuck
(269)
270
Eichstetter Mühlbach
Schlatthöfe
Haslach
Tiengen
(218)
St. Georgen
31
Munzingen
(209)
Erentrudis-Kap.
Breisach
ehem. Bechtoldkirche
Leutersberg
Wolfenweiler-
(232)
-Schallstadt
Föhrenschallstadt
Schneeburg (Ruine)
Mengen
(220)
Basel
Ebringen
(278)
Berghauser Kap.
Scherzingen
(231)
3
Batzenberg
Bad Weinstraße
Möhlin
Pfaffenweiler
496
Hohfirst
Norsingen
Biengen
(234)
328
Bad Krozingen
Kirchhofen
Rebland
Stadtgrenze
FREIBURG
1:

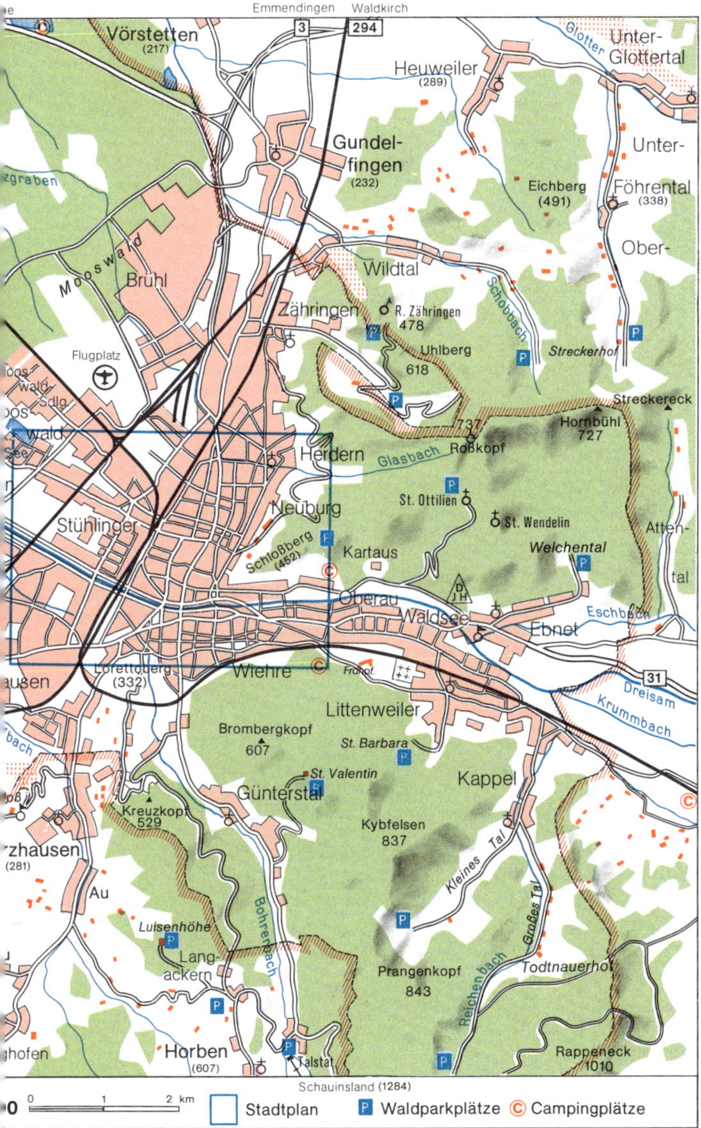

Kartographie: Christoph Gallus, 7630 Lahr

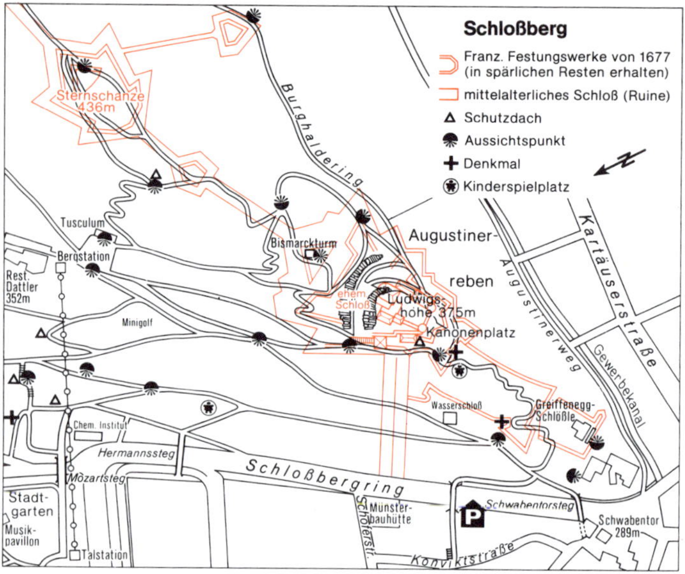

Diesen errichtete die Freiburger Studentenschaft und feierte dort mit Fackelzug und Pechfeuer am Sonnwendtag (21. Juni) Bismarck.

Die Zähringer Herzöge hatten auf dem Schloßberg 1091 eine Burg errichtet, die die Stadt schützte. 1366 zerstörten die Freiburger die Burg, kauften sich von der Herrschaft der Grafen von Freiburg frei und unterstellten sich 1368 dem Hause Habsburg. 1668 wurde die Burg von Kaiser Leopold I. in das prächtige habsburgische Burghaldenschloß umgewandelt. Im Besitz der Krone Frankreichs von 1677–97, wurde dieses von Vauban bis zum Gipfel hinauf und zur Stadt hinunter als mächtige Festung ausgebaut. Auf der Ludwigshöhe lag das St. Peters-Schloß, auf dem hinteren Schloßberg das Adlerschloß und zwischen beiden die Sternschanze, jetzt ‚Mond' genannt. Bei der Aufgabe Freiburgs im Jahre 1745 haben die Franzosen alle Festungswerke gründlich gesprengt, so daß nur spärliche Reste erhalten sind. Waldweg vom Kanonenplatz auf dem Kamm durch die Festungsreste bis zum Gipfel (452 m) in 20 Min.

Vom Stadtgarten führt die Stadtstraße nördlich zum Landratsamt (1962), einem Backsteinbau mit Fassadenreliefs von Hans Mettel, und weiter nach Herdern.

Ein Ort von besonderem Reiz ist der ***Alte Friedhof** (E2) zwischen Karlstraße und Stadtstraße, der 1683 als Ersatz für den durch den Festungsring zerstörten Neuburger Friedhof angelegt und bis

1872 belegt wurde. Die von Efeu und Immergrün überwucherten Mauern, die hohen Bäume, die schönen alten, oft überwachsenen Grabsteine des 18. und 19. Jahrhunderts, die Kapelle und zwei kleine Springbrunnen schaffen ein Bild tiefen Friedens.

Die folgenden Gräber sind im Plan verzeichnet: Witwe *Marg. Küsswieder* (†1790), mit Relief ihrer neun Kinder und der Inschrift ‚Sie war ganz, doch nicht zu sehr Mutter'; *Georg Staravasnig* (†1792), Professor und Arzt am Armenspital, reizvolle Reliefszene; *Boniface de Mirabeau* (†1792), General, Emigrant, Bruder des franz. Revolutionskämpfers; *Christian Wenzinger* (1710–97), Bildhauer, Architekt, Maler, führender Rokokomeister am Oberrhein; *Heinrich Sautier* (1746–1810), Kaufmann, Philanthrop und Stifter; *Johann Georg Jacobi* (1740–1814; Eisenkreuz), Philosoph, erster protestantischer Universitätsprofessor, Bruder des Philosophen und Goethefreundes F. H. Jacobi; *Ferdinand Geminian Wenker* (1758–1823), Universitätsprofessor, designierter erster Erzbischof; *Thaddäus Rinderle* (1748–1824), Mathematiker, Erfinder, Benediktinermönch und Universitäts-

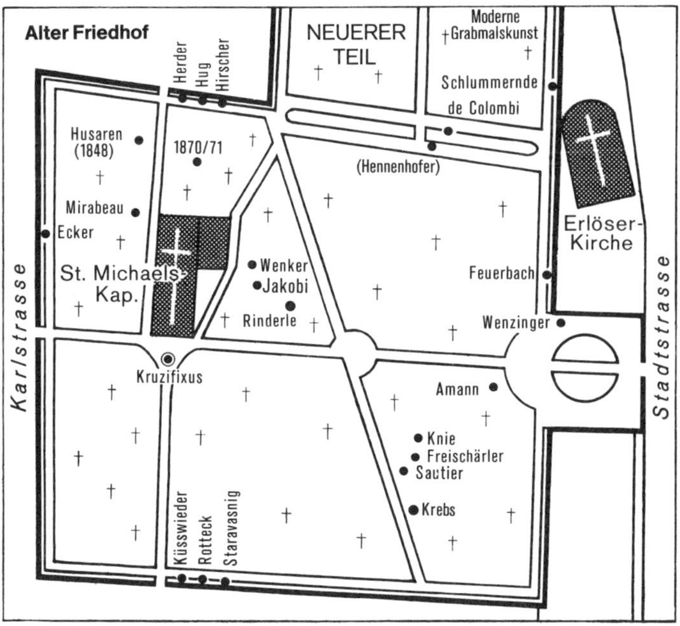

professor, Förderer der Uhrenfabrikation (‚Uhrenpater'); *Dominick Amann* († 1827), Posthalter mit 120 Pferden; *Alexander Ecker* (1766–1829), Chirurg, Erbauer neuer Kliniken; *Bartholomä Herder* (1774–1839), Gründer des weltbekannten Freiburger Verlagshauses; *Karl von Rotteck* (1775–1840), Historiker und Politiker, bewirkte den Fortbestand der Universität Freiburg; *Leonhard Hug* (1765–1846), Orientalist und verdienter Theologe, Professor und Domdekan; *Anselm von Feuerbach* (1798–1851), Archäologe, Vater des Malers; *Johann Karl Knie* († 1860), Zirkusgründer; *Maria de Colombi* († 1863; vgl. S. 67); *Joh. Baptist von Hirscher* (1788–1865), Theologe, Domkapitular, Retter vieler Kunstschätze aus ehem. Klosterbesitz; *Caroline Christine Walter* (1850–67), die ‚Schlummernde'; *Familie Krebs*, Inhaber des 1721 gegründeten Bankhauses J. A. Krebs; *Freischärler von 1848* (ein Würfel), die im Kampf um Freiburg fielen; Obelisk und eherne Gedenktafeln für die 1870/71 *Gefallenen des 5. Bad. Infanterieregiments* (bis 1950 an der Karlskaserne, seit 1972 hier).

Die 1720–25 erbaute **St. Michaelskapelle** hat eine anmutige Rokokoausstattung und dient heute der Ökumenischen Bewegung (Sa./So.), den Kroaten und Ukrainern zum Gottesdienst (Altarbild von S. Göser, Deckenbilder von J. Pfrunner). Der *Totentanz* von 1757 (1963; W. Köberl) in ihrer Vorhalle ersetzt den im Kriege zerstörten des Simon Göser (18. Jh.), doch sind die Verse dazu die alten. Das große *Kreuz* davor stand bis 1786 auf dem Münsterfriedhof; der Nagel im steinernen Totenschädel zu seinen Füßen gab Anlaß zu einer Schauergeschichte. An der Westwand außen alte Handwerkergrabplatten.

Westlich gegenüber vom Alten Friedhof liegt das **Heiliggeistspital** (1956–59), ein großes Altersheim mit achteckiger Kapelle, das als freundlicher Baukomplex locker in das Grün mächtiger Bäume gebettet ist. Vom 13. Jh. bis 1805 stand es am Münsterplatz und verfügt noch heute über großen Landbesitz und Weinberge am Schloßberg, Lorettoberg und beim Jesuitenschloß.

Nördlich an den Alten Friedhof grenzt die ev. **Ludwigskirche** (1954; H. Linde), ein Rohziegelbau mit freistehendem Glockenturm. Die großen Glaswände des Chors mit aufsteigenden Vögeln und Fischen schuf A. MacLean. In die Wand eingemauert sind

Steine aus der alten Ludwigskirche, die 1829–39 an der Habsburger Straße als erste evang. Kirche Freiburgs von Heinrich Hübsch aus den Steinen der abgebrochenen Klosterkirche in Tennenbach errichtet worden war und 1944 zugrunde ging.

Die Hauptausfallstraße nach Norden ist die Habsburger Straße, die vom Siegesdenkmal bis zum Komturplatz ca. 1500 m lang ist. Die erste Hälfte der Straße nehmen vorwiegend öffentliche Bauten ein. – Rechts das Geschäftshaus *Zähringer Tor*, ein Backsteinbau von 1977 mit Innenhof, und das *Erzbischöfliche Studienheim St. Georg* (1964; H. Geis), ein hoher sandfarbener Block mit auffälligen Kupferwürfeln am Treppenhaus; dahinter das Heiliggeistspital (s. S. 78). Weiterhin das *Kepler-Gymnasium* (1907), ein großer grauer Bruchsteinbau mit weithin sichtbarem Staffelgiebelturm, an dem Benito Mussolini als Maurer mitgearbeitet haben soll. Danach, zur Karlstraße hin, die neugeschaffene sog. **Caritas-City,** Sitz des 1897 von Prälat Lorenz Werthmann in Freiburg gegründeten Deutschen Caritasverbandes. Die gut gestalteten Bauten (1964–70; H. Geis) liegen in Parkanlagen; an der *Fachhochschule für Sozialwesen und Religionspädagogik* ein Bronzerelief des hl. Nikolaus (P. Brandenburg), der in der Neuburg einst eine Kirche hatte. Riesige Mammutkiefer und Ginkgobaum.

Der **Deutsche Caritasverband,** dessen Verwaltungszentrum in Freiburg ist, ist Mittelpunkt einer weitverzweigten Hilfsorganisation, der größten in Europa. Begründer der Organisation, welche die bestehenden sozialkaritativen Gemeinschaften und Einrichtungen der kath. Kirche zusammenfaßte, war 1897 Lorenz Werthmann († 1921). Etwa 24 800 Heime, Krankenhäuser, Kindergärten, Tagesstätten, Sonderschulen mit mehr als 1 Mio Menschen stehen in der Obhut der Caritas. Etwa 240 000 Frauen und Männer haben Caritasarbeit als Hauptberuf, davon ca. 40 000 Ordensleute. Die Caritas ist in Stadt- und Landkreise gegliedert und in den einzelnen Bistümern zusammengefaßt. Das ‚Lorenz-Werthmann-Haus' beherbergt die Zentrale, deren 20 Referate in 10 Abteilungen gegliedert sind.

Links an der Habsburger Straße, etwas zurückliegend, die ehem. Französische Schule (1956; A. Giese), ein Backsteinbau mit leuchtend blauen Schmuckplatten; im Bürgersteig als Mosaikband der 48. Breitengrad. Weiterhin das Altersheim *St.-Carolus-Haus*, das Mutterhaus der Barmherzigen Schwestern und zwischen beiden hinter Bäumen die kath. **Mutterhauskirche** (1957; R. Fuchs), ein Bau in Ovalform. Der weihevolle Raum hat eine holzverkleidete Kuppel mit umlaufendem Fensterband darunter, an der Altarwand ein Pieta-Wandbild, über dem Eingang ein Glasgemälde ‚Lichtbringende Frauen'. Dann hinter hohen Bäumen als gewaltiger roter Baublock in neubarocken Formen (1912) das weltbekannte *Verlagshaus Herder*, 1801 von B. Herder in Meersburg gegründet und seit 1808 in Freiburg.

Westlich der Habsburger Straße erstreckt sich das in parkartigem Gelände angelegte **Institutsviertel der Universität** (D 2), in dem die naturwissenschaftlichen Institute zusammengefaßt sind. Die meisten Bauten sind erst nach dem Zweiten Weltkrieg errichtet worden. Beherrschend durch seine Größe ist das Chemische Institut auf der Südseite, sehenswert der Hörsaal im Zoologischen Institut und im Norden die von O. Hajek gestaltete Stirnwand des Physiologischen Instituts. Erst 1971 fertig wurde die Mensa II, die in der Parkmitte über dem diagonal hindurchfließenden Bach errichtet worden ist und 1000 Speisesaalplätze hat. Die nördlich anschließende sternförmige *Strafvollzugsanstalt* (1875–79) ist für 400 Gefangene gebaut. Um das *Geologische Landesamt* an der Albertstraße Bäume fremder Erdteile, wie sie vor der Eiszeit auch diesseits der Alpen heimisch waren (z. B. Schirmtanne aus Japan, Metasequoia aus China, Eucomia).

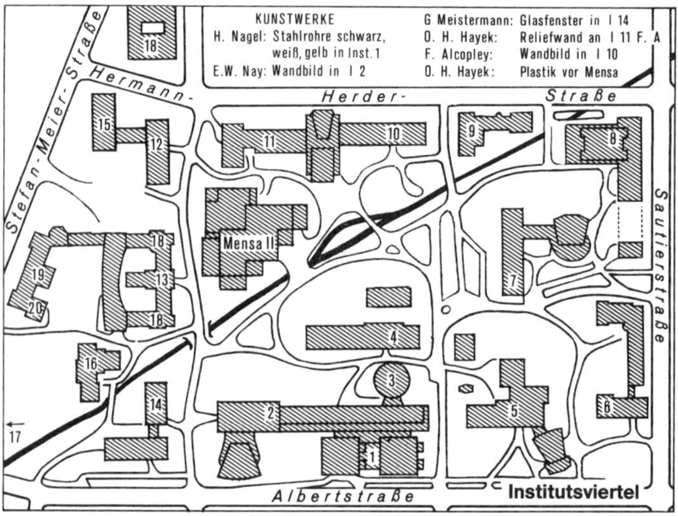

1 Chemie III
2 Chemie I+II
3 Zoologie
4 Zoologie
5 Pathologie
6 Anatomie
7 Physik I
8 Physik II
9 Pharmakologie
10 Physiologie etc.
11 Pharmazie
12 Hygiene
13 Geologie, Mineralogie
14 Strahlenbiologie
15 Hygiene
16 Phys. Chemie
17 Makromol. Chemie
18 Mathematik
19 Geschichte der Medizin
20 Med. Dokumentation

Herdern

Die Habsburger Straße führt weiter nördlich durch den Stadtteil Herdern, der gegen Norden und Osten durch die Berge geschützt ist und das mildeste Klima Freiburgs hat. Die ‚Panorama-Straßen' (Eichhalde, Sonnhalde, Wintererstraße), die sich am Rande des Waldes hinziehen, sind die schönste Wohngegend der Stadt. Herdern wird als Hartun schon 1008 erwähnt, war vielleicht eine Bergbausiedlung auf Eisen und bis ins 20. Jahrhundert ein Weinbauerndorf. Freiburg erwarb es 1457 vom Deutschen Orden, doch blieb es bis ins 18. Jh. durch das Festungsglacis von ihm getrennt.

Von der Habsburger Straße führt die Jacobistraße östlich zum halbrunden Aschoff-Platz, dessen Grünanlage eine bronzene *Flora* (Engelmann) schmückt. Auf der Westseite das große *Friedrichsgymnasium*, ein roter Sandsteinbau von 1903, auf der Ostseite in einer neubarocken Villa das *Finanzgericht*.
Die von einem Bach begleitete Hauptstraße mit der Haut- und der Psychiatrischen Klinik der Universität führt östlich in den alten Dorfkern, der z. T. noch von niedrigen Häusern umstanden ist und wo vor der Kirche unter Kastanien und Linden der Urbanbrunnen steht. Die *St.-Urban-Kirche*, 1839 neu erbaut und 1936 erneuert, ist in ihrem Ursprung älter als Freiburg. St. Urban ist der Patron des Weinbaues.
Etwas höher am Hang seit 1928 das weithin bekannte *Kneipp-Sanatorium St. Urban* mit Hallen- und Freibad. Am Waltersberg oben in bevorzugter Lage das 1971–74 erbaute Panoramahotel am Jägerhäusle (F1), ein halbrund geschwungener großer Bau mit Schwimmbad, Sauna, Restaurant und Caféterrasse.

Von der Habsburger Straße führt an der Schänzlestraße ein Steg über den Bach in den **Botanischen Garten** (E1) der Universität, der 1620 gegründet, 1912 hierher verlegt und 1969–70 erheblich erweitert worden ist. Er liegt an der wärmsten Stelle der Stadt und hat besonders prächtige Nadelbäume, ein Alpinum und Gewächshäuser für tropische, subtropische und Trockenpflanzen. Bemerkenswert ist die Wiederaufzucht jener Pflanzen, die vor der Eiszeit auch diesseits der Alpen heimisch waren (Magnolie, Mammutbaum, Tulpenbaum) und jetzt nur noch in Ostasien und Nordamerika wild wachsen. Das große Botanische Institut (Biolog. Inst. II) ist 1964–69 neu erbaut worden.
Am Rennweg das Hochhaus der *Oberfinanzdirektion*, vor dem im Kreis 18 Grenzsteine aufgestellt sind, von denen der älteste von 1574, der jüngste von 1908 stammt.
Jenseits der Bahnlinie der von Springbrunnen belebte Komturplatz, von wo die Zähringer Straße nach Norden läuft. Rechts das 1967–69 erbaute *Thermalschwimmbad*. Das 26° warme Wasser wurde im Gelände des Gaswerkes in 412 m Tiefe erbohrt.

Zähringen

Der Stadtteil Zähringen, seit 1906 zu Freiburg eingemeindet, hat einer Burg und nach dieser dem Geschlecht der Zähringer den Namen gegeben. Der alte Ortsteil liegt östlich jenseits der Bahn, wo auf einer Terrasse auch die *Pfarrkirche St. Blasius* steht, ein klassizistischer Saalbau mit barockem Marienaltar. Dörflichen Charakter haben einige Häuser in der Reutebachgasse bewahrt. Dem Altbachtal aufwärts folgend gelangt man links auf schmaler Autostraße nach 3 km zum Waldrestaurant ‚Zähringer Burg' (Schlüssel zum Burgturm) und weiter zu Fuß in 10 Min. zur **Zähringerburg** (472 m), seit dem Bauernkrieg von 1525 nur noch ein zinnengekrönter Rundturm mit Aussichtsplattform. Ein als Oval umlaufender Ringwall mit Graben (400 × 250 m) läßt eine sehr alte Volks- und Fliehburg erkennen. Die Burg Zähringen war Reichsburg, Lehensträger waren die Grafen des Breisgaus, ein Amt, das die späteren Herzöge von Zähringen im 10. Jh. innehatten. Berthold II. baute sich 1091 eine eigene Burg am Schloßberg und erscheint um 1100 mit dem Titel ‚Herzog von Zähringen'. Von hier ersteigt man in 1¼ Std. über die *Rottecksruhe* (566 m) den *Roßkopf* (737 m), mit eisernem Aussichtsturm.

Brühl

Von Zähringen gelangt man durch die Tullastraße westlich in den Stadtteil Brühl. Hier erstreckt sich zwischen Güterbahn, Autobahnzubringer, Flugplatz und Mooswald das **Industriegebiet Nord,** in dem seit 1955 zahlreiche Firmen neu angesiedelt wurden. Nachdem zwischen 1918 und 1945 Freiburg aus strategischen Gründen keine neuen Industrien anziehen konnte, ist in den letzten Jahrzehnten ein Aufschwung zu verzeichnen.

Auf rd. 300 ha sind heute etwa 100 Firmen vertreten. Die größten Industriefirmen sind: die Rhodia (Acetat, Nylon usw.), die schon seit 1928 hier arbeitet, die Gödecke AG (Arzneimittel), die 1806 in Leipzig gegründet wurde und 1966 von Memmingen hierher übersiedelte, die Intermetall (Feinmechanik), die 1958 hierher zog. Dazu kommen viele mittlere Firmen-Filialbetriebe, Großlager von Handelsfirmen und Speditionen. Der 1965 eröffnete Großmarkt für Obst, Gemüse, Blumen und der 1970 daneben erbaute Schlachthof sind die größten und modernsten Anlagen dieser Art in Südbaden.

2. Der Osten: Oberau, Waldsee, Ebnet

Die östlichen Stadtteile Freiburgs nehmen das 800–1500 m breite Tal der Dreisam ein, wobei sie fast ganz südlich des Flusses liegen, der mit dem ihn begleitenden Gewerbekanal dem Gebirgsrand im Norden folgt. Auf die Oberau, den östlichen Teil von Freiburgs großem Stadtteil Wiehre, folgen Waldsee, Ebnet, Littenweiler und Kappel. Drei Hauptverkehrswege führen durch das Dreisamtal.

Oberau

Vom Schwabentor (S. 53) führt der kurze Schwabentorring zur **Schwabentorbrücke,** die 1898 nach einem Hochwasser neu erbaut und 1975 erneuert worden ist. Ein Turm für den Hochwasserwächter und die Figuren des Ritters Martin Malterer und des Gelehrten Albertus Magnus blieben dabei erhalten. Ergänzt wird dieser wichtige Dreisamübergang etwas flußabwärts durch die *Greiffeneggbrücke* (1967) und etwas flußaufwärts durch die *Leo-Wohleb-Brücke* (1973) mit Parkhaus. Ecke Wallstraße/Greiffeneggring steht noch der Stumpf eines *Pulverturmes.*

Vielbefahrene Hauptverkehrsstraße der Oberau ist die Schwarzwaldstraße (B 31); eine Verlegung der Straße mit entsprechender Verkehrsentlastung ist seit 30 Jahren geplant. Sie passiert links die große, 1864 gegründete *Brauerei Ganter*; r. abseits in einem Garten die *Staatl. Akademie für bildende Künste* (Zweigstelle von Karlsruhe) mit holzverkleidetem Atelierturm (Eingang Fuchsstr. 7a). – Weiterhin rechts an der Schützenallee die kath. *Mariahilfkirche*, ein neubarocker Bau mit Glockentürmchen über der Vierung und das große *Lycée Turenne*, das 1890 als Lehrerseminar im Neurenaissancestil mit hohem Eckturm erbaut wurde.

Am Ostende des ehem. kleinen Friedhofs Erwinstr./Ecke Dreikönigstr. die neugotische *Grabkapelle für Maximilian Dortu* (1826–49), einen in Potsdam geborenen preuß. Unteroffizier und Heidelberger Studenten, der als Teilnehmer an der Badischen Revolution nach der Einnahme von Freiburg von preuß. Truppen hier am 31. Juli 1849 standrechtlich erschossen wurde. Von ihm stammt der Name ‚Kartätschenprinz' für den späteren Kaiser Wilhelm I.

Dann folgt auf der Südseite der Messeplatz mit der *Messehalle I* (1972), einer Hängekonstruktion an Stahltrossen mit 2450 qm und der *Messehalle II* (1975), einem Bau mit Sheddach und 2850 qm Ausstellungsfläche. Den Abschluß bildet die schon 1954 erbaute **Stadthalle** (4100 qm), eine schräggestellte Mehrzweckhalle, die durch kantige Rippen gegliedert ist. Sie dient für Konzerte,

Sportveranstaltungen, Feste, Versammlungen und hat Platz für 3000 Besucher.
Nördlich der Straße liegt der 1983 erstellte Neubau (H. D. Hecker) der *Staatlichen Hochschule für Musik* (1991: 584 Studenten) mit Konzertsaal (600 Personen). Im Eingangsbereich die originelle Figurengruppe ‚Die Lauschenden' (1983; C. H. Seemann). Daneben das neue *Deutsch-Französische Gymnasium* (1976; K. Kulm) für 500 Schüler. Eine solche Schule, deren Abitur in der Bundesrepublik und in Frankreich anerkannt wird, gibt es nur noch in Saarbrücken. Ferner hier die Friedenskirche, ein guter Backsteinbau von A. Giese (1952), und am Dreisamufer das *Bertoldgymnasium* (1958).

Waldsee

Vor dem alten Gasthaus zum Schiff gabelt sich die Straße nach Ebnet und Littenweiler. Hier beginnt der Stadtteil Waldsee, dessen Häuser an lauter parallelen Straßen liegen. Die Hansjakobstraße führt vom Schiff nach Littenweiler (S. 87). An ihr liegen das neubarocke *Haus Badische Heimat* (Nr. 12), an dem eine Tafel an den langjährigen Herausgeber der Zeitschrift, Hermann Eris Busse (S. 37), erinnert. Ferner hier die neuromanische *Dreifaltigkeitskirche* (1931; Gregor Schröder), mit großer Fensterrosette.
Dem südlichen Talrand folgt von der Stadthalle ausgehend jenseits der Bahnlinie die Waldseestraße/Littenweiler Straße, die den Fuß des *Brombergkopfes* (607 m) säumt, Freiburgs Brunnenberg im Mittelalter, dessen Quellwasser im heutigen *Möslepark* gesammelt wurden. Am Anfang, noch diesseits der Bahn, der *Konrad-Guenther-Park* (Mösle) mit herrlichen alten Eichen, jenseits das Gefallenenmal der Wiehremer Bürger, eine Grotte mit Inschrift unter dem sog. Weißen Felsen.
Die Straße passiert dann den künstlich aufgestauten *Waldsee* (Ruderboote) mit Gartenrestaurant und etwas weiter die Zufahrt zum **Mösle-Stadion,** dem ‚Kampfplatz' des Freiburger Fußball-Clubs (FFC), der 1907 Deutscher Meister war. Weiterhin links der Campingplatz bei Busses Waldschänke, rechts das *Schützenhaus* der Freiburger Sportschützen mit seinen Schießständen. Die weiterführende Littenweiler Straße säumt nun den schönen **Friedhof Bergäcker,** die 1960 angelegte Begräbnisstätte für

die östlichen Stadtteile mit großer Aussegnungshalle (1968; J. Kirsch), und erreicht dann den alten Ortskern von Littenweiler (s. S. 87).
Nördlich der Dreisam folgt am Fuße des Gebirgsrandes die Kartäuserstraße. Am Südhang des Schloßberges und Hirzberges liegen noch größere Weinberge. Der Gewerbekanal, dem die Straße folgt, war einst Mühlbach. Am Anfang steht die *Heinrich-Strobel-Stiftung*, das neue Gebäude des Landesstudios des Südwestfunks mit Experimentalstudio für zeitgenössische Musik. Beim Gasthof Stahl (Biergarten) ein Campingplatz. Gegenüber stand anstelle einer schon 1512 bestehenden Mühle die 1852 gegründete Papierfabrik Ferdinand Flinsch, die 1976 einem Wohnviertel wich.

Hinter der Sandfangbrücke führt links eine kurze Straße hoch zum Altenpflegeheim **Kartause,** einem weißen Dreiflügelbau von 1756 mit angebauter, später erweiterter Kirche. Der in ländlicher Abgeschiedenheit liegende Bau wird von 200 Jahre alten Ahornbäumen und Platanen überragt. Er geht zurück auf ein 1346 gestiftetes Kartäuserkloster St. Johannisberg, in dem im 16. Jh. als Prior der berühmte Gelehrte Gregor Reisch wirkte, ‚Gewissensrat' und Beichtvater Kaiser Maximilians. 1782 aufgehoben, kam die Kartause an das Städt. Heiliggeistspital, das 1894 hier ein 2. Altersheim einrichtete.
Westlich daneben das *Johannisheim*, 1966–69 von J. Kirsch aus Betonfertigteilen erbaut. Die drei Bettentrakte mit 120 Plätzen liegen um einen Atriumhof mit Wandelgang. Im Speisesaal des Altersheimes Simon Gösers Kopie (1805) des Abendmahls von Leonardo da Vinci, die beste, die es gibt. Gemalt wurde sie für die Hl. Geist-Kapelle neben dem Rathaus.

Hinter der Kartause führen ein Stationenweg ($^3/_4$ Std.) und eine 3,3 km lange und kurvenreiche Waldstraße hinauf zum Wallfahrtsort ***St. Ottilien** (459 m), mit Gartenrestaurant und Hotel. Die hl. Ottilie, blind geborene Herzogstochter aus dem Elsaß, soll hier im 8. Jh. Zuflucht genommen haben. Die 1503 gestiftete Kirche ist ein langer gotischer Bau, an dessen Wänden innen ausgedehnte Fresken aus dem 16. Jh. aufgedeckt wurden. Im Chor drei Barockaltäre von 1663 und Deckenbilder von 1728. In der 1714 angebauten Brunnenkapelle unten die augenheilende Quelle und moderne Glasbilder zur Ottilienlegende (1967). Von St. Ottilien zur *St. Wendelinskapelle* (560 m) östlich in 15 Min.; auf den *Roßkopf* (737 m) nordöstlich in 45 Min. (Aussichtsturm).
Die Kartäuserstraße führt dann an der *Jugendherberge* vorbei, die 1976/77 neu erbaut wurde und tritt hinter der Dreisambrücke in das Dorf Ebnet ein.

Ebnet

Die Schwarzwaldstraße führt vom Gasthaus Schiff nach Ebnet (2100 Einwohner). Der erst 1974 eingemeindete Ort liegt an einer Stelle, wo die Schwarzwaldberge von Norden her dicht an die Dreisam herantreten. Seit 40 Jahren leidet Ebnet an den ungelösten Verkehrsproblemen der Stadt Freiburg. Eine Ortsumgehung (B 31 Ost) ist seit langer Zeit in Planung. Das schon 1113 erwähnte Dorf gehörte 1568–1806 den Freiherren von Sickingen.

Auf der Nordseite der Schwarzwaldstraße erstrecken sich zur Dreisam hin *Sportanlagen:* Den Anfang macht das Universitätsstadion (1928, 1978). Neben diesem die Sporthallen des Instituts für Sport und Sportwissenschaft der Universität (1971); hier werden auch führende deutsche Leistungssportler betreut. Es folgen der ‚Freiburger Tennisclub' und der Sportpark der Freiburger Turnerschaft von 1844 (5000 Mitgl.) mit Schwimmhalle, Ballettsaal, Turnhallen, Rollsporthalle, Spiel- und Sportanlagen sowie einem Gästehaus. Danach der Sportverein Post Jahn und der Sportclub Freiburg mit großem Stadion, Spielplätzen und Tennisanlage. Den Abschluß macht das große Freiburger Strandbad, mit geheiztem Becken.

Gleich hinter der Dreisambrücke liegt das **Schloß Ebnet,** das stattlichste Barockschloß im Breisgau. Erbauen ließ es Frhr. F. S. von Sickingen 1749–51 durch J. J. Fechter und Chr. Wenzinger anstelle einer Burg des 16. Jhs. 1806 wanderten die Sickingen nach Österreich aus und sind dort 1954 ausgestorben. Am Eingang zum Ehrenhof links die Kapelle, rechts das Pförtnerhaus und Wirtschaftsgebäude. Das Schloß selbst hat einen Treppenhausvorbau und zehn Fensterachsen, auf der Gartenseite über der Freitreppe das prächtige Wappen Sickingen/Greifenclau. Im ummauerten Park große Bäume, acht gußeiserne Vasen des 18. Jhs. und die vier Jahreszeiten (1748), Steinfiguren von Chr. Wenzinger, unter denen der **Winter* großartig gelungen ist. Im Gartensaal die Schloßkonzerte mit ideenreichem Programm (März–Nov.).

Die **Pfarrkirche** steht auf einer kleinen Terrasse über dem Dorf inmitten des Kirchhofes. Ihr Chor stammt noch von 1598, Langhaus und Zwiebelturm wurden 1720 neu erbaut. Im Hochaltar von 1730 ein Bild der Kirchenpatrone Remigius und Hilarius nebst einer interessanten Ansicht von Ebnet. Schöne würfelförmige Kanzel in geometrischer Intarsienarbeit, sparsam vergoldet.

Littenweiler

Littenweiler ist 1914 als Dorf mit 1000 Einwohnern eingemeindet worden und zählt heute mit 10000 Einw. zu Freiburgs beliebtesten Wohnvierteln. Als ‚Lutenwile' ist der Ort schon 1311 urkundlich erwähnt, gehörte 1520–1806 dem Deutschen Orden und hatte seit dem 15. Jh. für die Bergleute des Schauinsland am Eichberg oben eine Wallfahrtskapelle St. Barbara. Diese wurde nach ihrer Aufhebung im Jahre 1782 im Ortskern 1826 wieder aufgebaut.

Den Ortskern nimmt heute die große **Pädagogische Hochschule** ein. Sie umgibt mit ihren Lehrgebäuden eine große Rasenfläche, an deren Westende die *Aula* (500 Plätze) steht. Westlich der Lindenmattenstraße liegen als Neubauten die rot gestrichene *Mensa* (1975), sowie die *Kollegiengebäude II, III, IV* (1972/73).

Am Ostende die 1957 erbaute kath. Pfarrkirche **St. Barbara,** mit freistehendem Glockenturm und Evangelistenrosette über dem Eingang. Den weitgespannten Raum tragen schlanke Säulen und erhellen zartgetönte Fenster mit abstrakten Malereien. In der Altarwand große Figurengruppen in Mosaikarbeit, in der Seitenkapelle der barocke alte Barbara-Altar. – Ein guter Neubau ist auch die ev. *Auferstehungskirche* an der Kappler Straße, die als zwölfseitiges Kreuzfahrerzelt gestaltet ist, matt erleuchtet durch senkrechte Glasbänder in Rot und Blau.

Die südlich in den Wald hinaufziehende Sonnenbergstraße endigt am aussichtsreichen ehem. Café St. Barbara, einst Standort der Wallfahrtskapelle. Am Waldrand, 5 Min. oberhalb, ein merkwürdiges Holzkreuz von A. Bausenhart (1974).

Kappel

Am Ostende von Littenweiler zieht sich südwärts in die Schwarzwaldberge hinein das Kappler Tal, in dem das im 13. Jahrhundert gegründete Dorf Kappel liegt, das seit 1974 zu Freiburg gehört und noch alte Schwarzwaldhöfe aufweist.

Die hochgelegene **Pfarrkirche** von 1747 hat an ihren Barockaltären besonders schöne Figuren (St. Anna Selbdritt, St. Joh. Nepomuk, St. Joseph mit dem Jesuskind) von der Hand Wenzingers oder seines Mitarbeiters F. X. Hauser.

Vor dem Gasthof zum Kreuz gabelt sich das Tal. Das Kleintal, in dem die Höfe weitab der Straße liegen, führt hinauf zum ehem. *Kybbad*, das an einer 1466 entdeckten warmen Quelle entstand und im 19. Jh. noch einmal aufblühte. Vom Talende Fußweg nördlich auf den *Kybfelsen* (837 m) mit den spärlichen Resten einer Burg.

Das 5 km lange Großtal führt zwischen schönen Bauernhöfen des 18./19. Jhs. hindurch (Hercherhof 1739, Dilgerhof 1715, Todtnauer

Hof 1733). Eine kleine *Bergarbeitersiedlung* (Molzhofsiedlung) erinnert an den 1954 eingestellten Bergbau auf Blei und Zinkerz, der im 18. Jh. zuerst aufgenommen wurde. Das vereinsamt hoch am Talende liegende Bergmannsheim aus rotem Backstein diente als Jugendheim (900 m). Die vom nahgelegenen Erzbergwerk bis zur Erzwäscherei am Talausgang von Kappel hinabführende Seilbahn von 7 km Länge ist abgebaut worden.

3. Der Süden: Wiehre, Günterstal, Schauinsland

Wiehre

Jenseits der Dreisam erstreckt sich südlich der Altstadt bis zum Stadtwald der große, 1819 eingemeindete Stadtteil Wiehre, dessen Vorläufer die schon 1008 erwähnten Dörfer Wiehre (die Dreisam-Wehre) und Adelhausen waren, auf deren Grund und Boden Freiburg gegründet wurde, die aber im Zuge der französischen Stadtbefestigung von 1677 dem Erdboden gleichgemacht worden sind. Städtebaulich haben die Unterwiehre und die östlich anschließende Oberwiehre den Charakter von Wohngegenden der Jahrhundertwende.

Die Kaiser-Joseph-Straße führt vom Martinstor leicht abwärts zur Dreisam. Hier stehen stattliche, reichgeschmückte Häuser der Gründerzeit, so die Deutsche Bank, das sog. Opelhaus, rechts das *Carl-Schurz-Haus* (Amerika-Haus), der markante, von vier Giebeln gekrönte *Friedrichsbau* (Nr. 270) und am Schluß das ehem. Gebäude der Dresdner Bank. Nach Osten öffnet sich hier der Holzmarkt, an dessen Südseite, die ausgedehnten, schlichten *Justizgebäude* (1842) liegen. Die *Kaiserbrücke* über die Dreisam wurde 1900 errichtet, doch sind die vier Kaiserstandbilder im Kriege eingeschmolzen worden.

Die **Dreisam,** Freiburgs Fluß, erreicht die Stadt im Osten beim Dorf Ebnet und verläßt die Stadt im Westen bei Lehen, sie hat den Charakter eines Gebirgsbaches und in ihrem breiten, 1817–50 kanalisierten Flußbett führt sie meist nur sehr wenig Wasser, da schon in Ebnet der Gewerbebach von ihr abgezweigt wird. Im Mittelalter floß sie in mehreren Armen näher an der Stadt vorbei, so daß auf einer Dreisaminsel sogar 1236 das erste Dominikanerkloster angelegt wurde. Der Name Dreisam ist keltisch und bedeutet ‚die Schnellfließende'. Auf ihrem ca. 13 km langen Lauf durch das Stadtgebiet wird sie von 15 Straßenbrücken, 3 Eisenbahnbrücken und 7 Fußgängerstegen überspannt. Der Autobahnzubringer Mitte wird zwischen Betzenhausen und der Kronenbrücke an beiden Ufern in Betonwannen entlanggeführt, die z. T. tiefer liegen als das Flußbett.

Gleich hinter der Dreisam liegt der Johanneskirchplatz, der Verkehrskreisel der Unterwiehre, da hier die Basler Straße (B 31) von Westen her einmündet. Eingefaßt wird der Platz von der Lessingschule und der *Gewerbeschule I*, einem typischen Zeugnis des Späthistorismus.

Die zweitürmige kath. **St.-Johannes-Kirche** (D4) wurde 1894–99 von J. Durm in den Formen des roman. Bamberger Domes als neue Pfarrkirche für den damals anwachsenden Stadtteil erbaut. Die reiche Ausstattung mit vergoldeten Altären und Wandbildern wurde 1975 durch den Zelebrationsaltar unter der Vierung ergänzt, den Bronzereliefs der 14 Nothelfer schmücken (J. Henger).
Dreisamaufwärts befindet sich an der Uhlandstraße das *Haus der Jugend* (1966), eine zentrale Bildungs- und Freizeitstätte mit Vortragssaal, Clubräumen und Werkstätten. – Dreisamabwärts steht an der Lessingstraße das neue *Rotteckgymnasium* (1967–70) für 860 Schüler, da der alte Bau der neuen Universitätsbibliothek weichen mußte. Auf der westlich angrenzenden Freiau bestehen noch Teile einer nach 1870 erstellten Arbeitersiedlung.

Die am Johanneskirchplatz beginnende Günterstalstraße durchquert als vielbefahrene Ausfallstraße in Richtung Schauinsland die Unterwiehre. Von anheimelnder Bescheidenheit ist die ihr parallel laufende alte Kirchstraße mit der ehem. Feuerwache. An ihr liegt auf stillem, baumbestandenen Platz das sog. **Annakirchlein** (Hll. Cyriak u. Perpetua), ein einfacher Rokokobau von 1756, der aber bis ins 11. Jh. zurückgeht, im Mittelalter Dorfkirche von Adelhausen, bis 1899 Pfarrkirche der Wiehre war und seit 1919 vom Franziskanerorden betreut wird. Neben ihr der jüngst erneuerte *Sebastiansbrunnen* mit Figur von 1731.
Die Lorettostraße führt westwärts zum Lorettobad (mit separatem Damenbad) und zum Fuß des Lorettoberges.

Die Mercystraße für Kraftfahrer und der Bergleweg für Fußgänger (¼ Std.) führen auf den **Lorettoberg** (332 m), auch Josephsbergle genannt. Der schmale, weit nach Norden vorspringende Hügel besteht teils aus Urgestein, teils aus Buntsandstein, der um 1200 auch für den ersten Münsterbau verwendet wurde (Tafel). Oben unter riesigen Kastanien und Linden die *Loretto-*

kapelle, drei Kapellen hintereinander unter einem Dach, von denen die Marienkapelle in der Mitte 1657 von Stadtrat Christoph Mang gestiftet wurde zur Erinnerung an den Sieg der Bayern unter General Mercy über die Franzosen im Jahre 1644. In der Nordwand steckt eine Kanonenkugel vom Jahre 1744. Daneben ein ringförmiger Stationenweg und ein großes Terrassenrestaurant mit Aussicht auf die Stadt. 3 Min. weiter der *Hildaturm* (348 m; Fernsehstation), der 1886 zur Vermählung von Hilda von Nassau mit Großherzog Friedrich II. von Baden errichtet wurde. Am Westhang Weinberge (‚Lorettoberger'). Der Eisenbahntunnel der Höllentalbahn durchquert den Berg, der wie der südlich anschließende Schlierberg (384 m) weithin mit Landhäusern bebaut ist.

Das **Deutsche Volksliedarchiv,** Silberbachstr. 13, ist das zentrale Institut zur Erforschung und Pflege des deutschen Volksliedes. 1914 im Auftrage des Verbandes deutscher Vereine für Volkskunde von dem Germanistikprofessor John Meier († 1952) gegründet, ging es nach dessen Tod durch Schenkung in den Besitz des Landes Baden-Württemberg über. Es hat den Auftrag, das deutsche Volkslied samt seinen fremdsprachlichen Parallelen zu sammeln, zu erforschen und herauszugeben. Dies umfaßt sowohl mittelalterliches und späteres Liedergut als auch die modernen Volksliedformen wie Protestsongs, Schlager, Evergreens, Schnadahüpfl, Kinderlieder, Abzählreime unserer Zeit. Außer den gedruckten alten und neuen Volksliedern in alten Originalausgaben findet man hier auch 200 000 ungedruckte Aufzeichnungen aus mündlicher Tradition. – Einige Häuser weiter das *Institut für Volkskunde* der Universität.

Günterstalstr. 59 das Freiburger *Franziskanerkloster* in einer alten Villa mit modernem Anbau und besuchenswerter Kapelle. Die Günterstalstr. erreicht das Sternwaldeck. Hier liegt am Wald das *Max-Planck-Institut für Ausländisches und Internationales Strafrecht*, ein durch Gartenterrassen aufgelockerter Betonbau (1976/78). Die nun anschließende Schauinslandstraße überschreitet die tief eingeschnittene Höllentalbahn und führt auf 1,5 km Länge durch ein Wiesengelände, das als Schenkung des Großherzogs Friedrich II. von Baden unbebaut geblieben ist, so daß Günterstal noch so idyllisch am Ende der freien Talebene liegt wie vor 100 Jahren.

Günterstal

Günterstal, schon im Jahre 804 erwähnt und seit 1890 zu Freiburg eingemeindet, ist heute ein sehr beliebter Wohnvorort mit vielen Landhäusern. Den Ortskern, der vom ehem. Klosterbezirk eingenommen wird, erreicht man durch das alte *Klostertor* (1783) und hat dann zur Rechten das Klostergebäude mit der Kirche, zur Linken die ehemaligen Wirtschaftsgebäude. Der gelbgetünchte schöne Klosterbau mit Kirche ist 1718–83 von Peter Thumb neu erbaut worden für das 1221 gegründete wohlhabende Zisterzienserinnenkloster, das bis 1806 bestanden hat. Nach wechselnden Schicksalen als Spinnerei und Brauerei und Abbruch des abgebrannten oberen Stockwerkes ist hier 1894 das Städt. Waisenhaus eingezogen; seit 1985 ist es Internat des Deutsch-Französischen Gymnasiums.

Die südlich anschließende *Liebfrauenkirche* von 1738 ist seit 1786 auch Pfarrkirche. Sie ist im Innern 1969/70 durchgreifend erneuert worden; der reich vergoldete Rokokoaltar stammt aus dem Kloster Tennenbach. Auf dem idyllischen kleinen *Friedhof* die Gräber einiger bekannter Universitätsprofessoren, so des Zoologen August Weismann (1834–1914), des Philosophen Edmund Husserl (1859–1938), des Volkswirtschaftlers Walter Eucken (1891–1950) sowie das des Bergfilmkameramanns Sepp Allgeier († 1969). – Die östlich gegenüberliegende ev. *Matthias-Claudius-Kirche* ist ein kleiner Betonglasbau von 1966; über dem Altar der auferstandene Christus (Bronze).

Auf dem westlich gelegenen *Kreuzkopf* (529 m) steht seit 1968 das von der Partnerstadt Innsbruck errichtete ‚Innsbrucker Kreuz', Erinnerungsmal an den freiwilligen Anschluß Freiburgs an Vorderösterreich im Jahre 1368. – Auf einer Waldlichtung, 1,5 km östlich von Günterstal, die Forstwirtschaft *St. Valentin* (460 m), einst Eremitenklause, heute beliebtes Studentenlokal. 1 Std. weiter östlich oberhalb der *Kybfelsen* (837 m), mit den spärlichen Resten einer 120 m langen Burganlage, über deren Gründung und Untergang noch wenig bekannt ist.

Die Schauinslandstraße folgt nun dem hübschen Bohrertal weiter aufwärts, vorüber an der *Kybburg*, einst Mühle, dann Gasthaus und ehemaliges Landesstudio des Südwestfunks. 3 km hinter Günterstal zweigt links die Straße (ehemalige Rennstrecke für Motorsport-Bergpreise) auf den Schauinsland ab. Geradeaus zur Talstation der Schauinslandbahn und weiter 3 km lang in Kehren am westlichen Talhang aufwärts nach **Langackern** (Hotels Engel und Luisenhöhe), wo man den schönsten *Blick auf Schauinsland, Schönberg und Rheinebene hat.

Schmale, aber gut fahrbare Straße westlich abwärts ins Hexental und über Merzhausen zurück nach Freiburg. – 1 km südlich das langgestreckte Dorf **Horben** (607 m), das frei auf der Höhe liegt und 1970 um eine Wohnsiedlung erweitert wurde. Die Pfarrkirche St. Agatha wurde 1791 neu gebaut. Von hier Fahrstraße noch 2 km südlich aufwärts zum Whs. Buckhof.

Der Schauinsland

Seilschwebebahn: Von der Stadt mit Linie 4 nach Günterstal und von dort mit Zubringer-Omnibus aufwärts zur Talstation (473 m) der weltweit ältesten Umlaufseilbahn (1930). Die Fahrtdauer beträgt 15 Min. bis zur Bergstation (1214 m; Rest.). Höhenunterschied 746 m, Streckenlänge 3600 m bei sieben Stützen. Höchste Stütze 37,5 m, größte Spannweite 734 m. Bei sieben Personen pro Kabine und 37 verfügbaren Gondeln können etwa 500 Personen in der Stunde in einer Richtung befördert werden. Auskunft über die Wetterlage am Gipfel: Tel. 07 61/1 97 03.
Hotels und Gasthöfe: Halden-Hotel (Tel. 0 76 02/2 30), 2 km südlich der Bergstation an der Straße zum Notschrei, mit Schwimmbad; Waldhotel Notschrei (Tel. 0 76 02/2 20) 4 km südlich der Bergstation an der Straße Kirchzarten-Todtnau; Hof im Dorf Hofsgrund, 1,5 km südlich des Gipfels.
Wanderwege: 1. Von der Talstation in Serpentinen unter der Seilbahn hin in 3 Std., steil;
2. Vom Sternwaldeck über Brombergkopf – Kybfelsen und Sohlacker in 4½–5 Std., schattig;
3. Von Horben (s. oben) über den Gießhübel in 4 Std., sonnig;
4. Von Kappel über das Rappeneck in 4 Std.;
5. Abstieg über die Etzenbacher Höhe nach Staufen, 4½ Std., besonders lohnend.

Der ***Schauinsland** (1284 m), im 17./18. Jh. auch *Erzkasten* genannt, ist der Hausberg Freiburgs, seitdem die um 1920 ausgebaute Autostraße und die 1930 erbaute Seilbahn die 1000 m

Höhenunterschied in kurzer Zeit überwindbar machen. Geographisch ist er ein westlicher Ausläufer des in der Luftlinie 9 km entfernten Feldbergs, der durch ausstrahlende Höhenrücken das Gebiet zwischen Zartener Becken (Dreisam) im Norden und Münstertal im Süden beherrscht. Auffällig sind die

freien Wiesenflächen auf seinem Rücken, die durch die mittelalterliche Rodung für den Holzbedarf der Bergwerke entstanden sind. So bietet die Hochfläche zwischen der Bergstation und dem Haldenhotel einen weiten Blick über die Viehweiden von Stohren nach Süden und in die alte Bergbausiedlung Hofsgrund im Norden. Die Gruppe der auf dem Kamm stehenden knorrigen Weißbuchen ist von Wind und Schneelast bizarr verbogen. Großartig ist die Fernsicht auf den Feldberg mit seinen Türmen und westlich zu den Vogesen, hinweg über die Rheinebene, die im Spätherbst und Winter oft unter einer 600–1000 m hochreichenden Wolkendecke liegt, während auf der Höhe klare Luft und eine 5–10 Grad höhere Temperatur als in Freiburg herrschen.

Der Schauinsland ist auch Freiburgs Skiberg und durch Skilifte und Langlaufloipen erschlossen. Die große Nordabfahrt über Horben zur Talstation (‚Kaltwasser') ist meist nur einige Tage im Januar durchgehend befahrbar.
Der eigentliche Gipfel, mit Aussichtsturm und Orientierungstafel, ist von der Bergstation in 15 Min. zu Fuß zu erreichen. 500 m weiter östlich ein 1942 erbautes *Observatorium* des Fraunhofer-Instituts zur Sonnenforschung und weiterhin eine Meßstelle des Bundesamtes für Umweltschutz.
Die von der Bergstation über den freien Bergrücken führende Straße berührt nach 2 km das *Halden-Hotel* (früher ‚Rößle'), das anstelle eines schon 1447 erwähnten Bauernhofes steht, und erreicht nach weiteren $2^1/_2$ km den **Notschrei** (1121 m) auf der Wasserscheide von Dreisam und Wiese. Ein Obelisk erinnert dort an den jahrzehntelangen ‚Notschrei' der Gemeinden nach einer Straße von Kirchzarten nach Todtnau, die bis hierher 1848, bis Todtnau 1855 eröffnet wurde.

Vom Haldenhof führt eine $1^1/_2$ km lange Fahrstraße hinunter nach **Hofsgrund** (1058 m), dem höchstgelegenen Pfarrdorf Deutschlands. Es besteht aus längs am Hang stehenden Einzelhöfen in einer kesselartigen waldlosen Talmulde und hat eine geschindelte Pfarrkirche von 1718, die 1956 völlig erneuert wurde. Die Siedlung ist im 13. Jh. durch das Wilhelmitenkloster in Oberried gegründet worden und war durch Jahrhunderte Bergbausiedlung mit Poche und Schmelzwerk, doch sind nur noch einige alte Stollenmundlöcher erkennbar. Am Hang oberhalb des Rathauses das sehenswerte *Heimatmuseum Schniederlehof* (Juni bis Sept. einschl. geöffnet). Das hangparallel stehende typische Schauinslandhaus wurde um 1650 erbaut und bis 1969 bewirtschaftet. Die ‚Obede' mit ‚Fürbühne' und Heubühne ist durch die ‚Ifahrt' direkt zugänglich. Stub, Schlafkammer, Küche, Stall,

Räucherkammer und Tränke, dazu mancherlei Geräte wie Käslebrett, Kienspanhalter, Schnitzstuhl und Schindelbank sind zu sehen. – 3 km unterhalb von Hofsgrund an der Straße Notschrei-Oberried der neue ***Wildpark Steinwasen** mit einheimischen Tieren wie Rotwild, Sauen, Gemsen und mit einer beliebten, in einem Wildpark aber eher fragwürdigen Sommer-Rodelbahn.

Der **Bergbau** auf Silber wurde im 13. Jh. vom Oberrieder Tal aus durch die Grafen von Freiburg aufgenommen, erreichte im 14. Jh. seinen Höhepunkt und machte Freiburg zu einer reichen Stadt. Nach Entdeckung Amerikas begann der Niedergang. Nach 1724 begann von Kappel aus der Bergbau erneut, diesmal wegen des Bleis und später wegen der Zinkblende. Nach längerer Pause kam der Bergbau 1936 letztmalig in Gang, wurde aber 1954 als unrentabel wieder eingestellt. Im ehem. ‚Barbara-Stollen' bei Oberried sind seit 1976 ca. 300 Mio. Filmaufnahmen von deutschem ‚Kulturgut' eingebunkert. In Edelstahltonnen werden für 2 Mio. DM pro Jahr Akten aus deutschen Ämtern konserviert.

4. Der Südwesten: Haslach, St. Georgen, der Schönberg

Zwischen der Dreisam im Norden und dem Schönberg im Süden liegen die südwestlichen Stadtteile Haslach, Weingarten und St. Georgen, zwischen denen die vielbefahrene Basler Landstraße (B 3) hindurchführt, Verbindungsstrecke zur Autobahnausfahrt Freiburg-Süd; eine Umgehungsstraße ist im Bau.

Haslach

Von der Altstadt führt der Werderring südlich zur *Kronenbrücke* (1965), die in zwei Armen die Dreisam überschreitet. Danach stellt die Kronenstraße die Verbindung zur Basler Straße her, die am *Postbahnhof* vorüber unter zwei Eisenbahnbrücken hindurch den Stadtteil Haslach erreicht.

Haslach, 786 zuerst erwähnt und 1890 eingemeindet, war eine früher wenig begehrte Wohngegend, hat aber seit dem Krieg durch große Siedlungen sehr gewonnen. Der Hauptstraßenzug ist die Carl-Kistner-Straße/Opfinger Straße.

An neuen Großbetrieben der Stadt liegen in Haslach die *Milchzentrale*, die *Hauptfeuerwache* (1966–69), ein Schwimmbad (1977) und der Omnibusbetriebsbahnhof (1968–70).

Die kath. *St.-Michaelskirche* (1909) hat einen schönen hohen Satteldachturm (1956) in der Art der Markgräfler Dorfkirchen.

Die kleine neugotische *Melanchthonkirche* hat noch den Turm der frühmittelalterlichen St.-Galluskirche bewahrt. Die turmlose *Mormonenkirche* (1966) ist die einzige dieser Sekte in Südbaden. Jenseits der Güterbahn ist in den letzten Jahren für mehr als 10000 Menschen mit 15stöckigen Hochhäusern, Scheibenhäusern und auch Einfamilienhäusern der Stadtteil Weingarten herangewachsen. Die kath. *St.-Andreas-Kirche* (1968/69), im Zentrum dieses Neubaugebietes, gleicht einem riesigen Zelt.

Südlich der Basler Landstraße liegen die Druckhäuser der Badischen Zeitung und der Verlage Rombach & Co. sowie Poppen u. Ortmann, die neue *Landespolizeischule*, die *Standortverwaltung* und das *Militärarchiv*, eine Abteilung des Bundesarchivs in Koblenz. Das Gewerbegebiet ‚Schildacker' (33 ha) wurde vorwiegend für alteingesessene Industriebetriebe (z. B. Litef, Wüba) neu erschlossen.

St. Georgen

Dann folgt der 1938 eingemeindete, noch dörfliche Stadtteil St. Georgen, der sich an den Nordhang des Schönbergs anlehnt, wo ein sehr großes Rebgelände (50 ha; meist Riesling, Silvaner und Gutedel) liegt. Die Winzergenossenschaft des Ortes hat über 100 Mitglieder und seit der Flurbereinigung von 1955/60 einen blühenden Weinbau (z. B. ‚Steinler', ‚Oßner'). St. Georgen besteht aus den drei schon im 8. Jh. erwähnten Dörfern Hartkirch (St. Georgen), Wendlingen, Uffhausen sowie dem Neubaugebiet Bifänge.

Die **St.-Georgs-Kirche** an der Basler Landstraße wurde 1866–69 anstelle der schon seit 804 bestehenden Hardkirche des Johanniterordens erbaut. Der hohe Raum hat einen gotischen Schreinaltar und moderne Glasfenster. Eine Tafel erinnert an den Besuch des Nuntius Pacelli (Papst Pius XII.) von 1929 in dieser ersten christlichen Kirche dieser Gegend. Das Gasthaus Stube, ein Fachwerkbau von 1574, mit Glockentürmchen, war bis 1938 Rathaus. In der Andreas-Hofer-Straße hat das Haus Nr. 108 noch eine angebaute Kapelle des 13. Jhs., davor ein Brunnen. Das sog. *Storchenbauernhaus* (Nr. 19), ein Staffelgiebelhaus von 1594 mit Vordach, war bei der Schlacht von 1644 das Quartier des bayer. Generals Mercy.
Die *St.-Peter- und Pauls-Kirche* in Uffhausen, überragt von einem mächtigen Uhr- und Glockenturm, ist einer der besten neuen Kirchenbauten (1967–69; H. O. Willmann). Ein zeltartiges Holzdach überspannt den feierlichen Raum, hinter dem Altarbezirk

aus weißem Marmor das Tabernakel, das von E. Schwarz als brennender Dornbusch gestaltet ist. Jenseits der Bahnlinie nach Basel entstand seit 1970 die große Wohnsiedlung Bifänge.

Seit 1979 sind die Heilquellen im Mooswald, 2 km westlich von St. Georgen, erschlossen und so verfügt Freiburg über ein eigenes **Mineralthermalbad.** Der Calcium-Natrium-Sulfat-Hydrocarbonat-Thermalsäuerling kommt aus 865 Metern Tiefe, ist an der Quelle 43,9 Grad und in den Becken 33 Grad warm. Der sehr gelungene Holzbau enthält 3 Schwimmbecken, davon 1 im Freien und 1 für medizinische Behandlungen. Im Anschluß die *Sporttraumatologische Spezialambulanz* der Universität, von Spitzensportlern aus der ganzen Welt aufgesucht.
Von der Basler Straße nach Süden zweigt die Merzhauser Straße (A 15) ab. Sie führt am Westhang des Lorettoberges hin, an dem noch Weinberge liegen, teils dem Heiliggeistspital, teils dem Weinbauinstitut gehörend. Jenseits der Eisenbahnbrücke das 1960 erbaute Staatliche Weinbauinstitut.

Das **Staatliche Weinbauinstitut,** 1920 gegründet, hat die Aufgabe, den Weinbau in Baden zu fördern. Dies ist in den vergangenen Jahrzehnten durch Reblandumlegung, Sortenbereinigung und Förderung von Winzergenossenschaften sehr erfolgreich geschehen. Durch Neuzüchtungen, wie „Freisamer" (Silvaner × Ruländer) und „Nobling" (1940; Silvaner × Gutedel), wurde versucht, das Sortenangebot zu vermehren. Seit 1967 dient das Weinbauinstitut ausschließlich Versuchs- und Forschungsaufgaben. Es besitzt in Freiburg Versuchsweinberge am Lorettoberg, Schloßberg und Jesuitenschloß, in Ihringen (Kaiserstuhl), am Blankenhornsberg, sowie in Hecklingen (Breisgau), in Durbach (Ortenau) und in Müllheim (Markgrafschaft). Weinverkauf im Institut selbst Montag bis Freitag 8.00–12.30 Uhr und 14–15.30 Uhr. Besichtigung nach Vereinbarung (Tel. 07 61/40 16 50).
Weiterhin, links am Hang des Schlierberges über einem Weiher, eine Siedlung neuerer Terrassenwohnhäuser; rechts das ausgedehnte Gelände der ehem. französischen Vauban-Kasernen, wo Wohnungen für 5000 Menschen gebaut werden.

Merzhausen

Merzhausen (273 m), 786 zuerst erwähnt und nicht zu Freiburg gehörig, ist ein ausgedehnter Wohnvorort mit noch dörflichem Kern am Eingang des Hexentales (s. unten). Beachtenswert die alte kath. *St.-Gallus-Kirche* mit barocker Einrichtung, das *Schlöß-*

chen mit Staffelgiebeln an der Brücke und die ev. *Johanneskirche* (1968).

Der Schloßweg am Ortseingang führt durch Weinberge hinauf zum **Jesuitenschlößchen** (342 m), einem 1978 wiederhergestellten Schloßbau (Tageserholungsstätte und Gartenrestaurant) mit Park und schönem Gutshof. Der Orden erbaute es 1666 als Landhaus für die Ordensbrüder in Freiburg (Tafel). Auf den Koppeln tummeln sich etwa 50 Pferde; Zucht von Trakehnern und von den wuchtigen Aberdeen-Angus-Rindern. In der ‚Jesuiten-Scheune' finden des öfteren Konzerte statt.

Der Schönberg

Rundfahrt, 24 km: Von Freiburg auf der Basler Landstraße (B 3) südwestlich bis (8 km) Wolfenweiler. Hier links Auffahrt durch das Weinbauerndorf Ebringen (278 m) zur (3 km) Berghauser Kapelle (432 m), einer freistehenden Kapelle auf der Südseite des Schönberges. Von dort nördlich zum ($1^1/_2$ km) Gasthaus Schönberghof, mit Parkplatz und Sitzen im Freien. Rückfahrt von der Berghauser Kapelle östlich nach (3 km) Wittnau und durch das Hexental (eigentlich Heckental) über Au und Merzhausen zurück nach Freiburg.
Fußwege: Von St. Georgen: Von der Haltestelle Andreas-Hofer-Straße der Buslinie 11 in 50 Min. oder vom Waldparkplatz am Ende des Leisackerweges in 20 Min. zum Gasthaus Schönberghof (464 m) und von dort in 30 Min. über die Viehweiden am West- und Südhang zum Gipfel.
Von Merzhausen: Von der Haltestelle der Buslinie 11 in $1^1/_2$ Std. oder vom Parkplatz beim Jesuitenschlößchen (342 m) in $1^1/_4$ Std. auf markiertem Weg über den meist waldlosen Osthang des Berges zum Gipfel.
Naturlehrpfad Schönberg: Der 1971 eröffnete, etwa 17 km lange Rundweg erschließt durch Namensschilder und Erklärungen ein Gebiet mit 14 geolog. Aufschlüssen, 42 Baumarten, 26 Straucharten und einer interessanten Bodenflora. Die Hauptausgangspunkte sind Merzhausen (Steinbruch) und St. Georgen (Leisackerplatz). Wegzeichen ist der St. Galler Bär, weil dieses Kloster hier Besitz hatte.

Der **Schönberg** (644 m), nicht mehr zu Freiburg gehörig, beherrscht die Freiburger Bucht von Süden her, ist nicht überlaufen und bietet einen herrlichen Blick auf Freiburg. Er ist der nördlichste Gipfel der Schönberggruppe, der größten und steilsten unter den Vorbergen des Schwarzwaldes, und umfaßt außer dem Hauptgipfel nach Süden hin noch den *Hohfirst* (496 m), den *Steinberg* (394 m), den *Ölberg* (417 m) und den ganz von Reben bedeckten *Batzenberg* (328 m). Vom Schauinsland ist der 8 km lange Höhenzug durch eine Sattelzone, das sog. Hexental, geschieden. Die oberen Partien sind reich bewaldet, die lößbedeckte Süd- und Westseite von

einem breiten Gürtel von Weinbergen umzogen. Die Gipfelscholle liegt tektonisch tiefer als ihre Umgebung (sog. Reliefumkehr). Zahlreich sind Versteinerungen kleiner Muscheln und Schnecken. Spuren einer jungsteinzeitlichen Siedlung wurden gefunden.
Die *Berghauser Kapelle* (432 m) liegt inmitten von Obstbäumen und ist ein beliebtes Ziel zur Baumblüte. Der Gasthof *Schönberghof* (464 m), zugleich Bauernhof, ist eine behagliche Gartenwirtschaft (Spez. Frischkäse, Meringuen) und höchster Parkplatz. Der *Obere Schönberghof*, 15 Min. unter dem Gipfel, hat die Jungviehweide eines Merzhausener Bauern. Auf dem Gipfelplateau herrliche große Buchen und Eichen sowie die 40 m hohe Betonnadel des Fernsehsenders für das 1. Programm des Südwestfunks.
Auf einem waldigen Vorberg, 10 Min. westlich vom Schönberghof, steht auf einem heute waldumgebenen Felskopf die *Ruine Schneeburg* (517 m). Die Burg wurde vermutlich 1329 von den Herren von Hornberg erbaut und war bis zu ihrer Zerstörung im Bauernkrieg (1525) im Besitz der Herren von Schnewlin.

5. Der Westen: Stühlinger, Mooswald, Landwasser, Hochdorf, Benzhausen, Bischofslinde, Betzenhausen, Lehen

Im Westen der Altstadt liegt der Stadtteil Stühlinger, der seit der Erbauung der Eisenbahn 1843–45 in nachteiliger Weise von der Innenstadt abgetrennt ist. Die Ausfallstraßen führen einerseits durch das Wohngebiet Mooswald in die Trabantenstadt Landwasser, andererseits durch Bischofslinde und Betzenhausen nach Lehen. Der Freiburger Westen mit ca. 40000 Einwohnern ist das Gebiet der jüngsten Stadtentwicklung. Durch die Anlage eines großen Seeparks zur Landesgartenschau 1986 hat der Freiburger Westen eine wesentliche Bereicherung erfahren. Jenseits der Dreisam schließt sich im Südwesten der Stadtteil Haslach (S. 94) an.

Von der Altstadt nach Westen führt die Eisenbahnstraße, die stattliche Kastanien säumen. Das heutige *Fernmeldeamt*, früher Hauptpost, wurde um 1890 in Neurenaissanceformen für eine Bank, die neue *Hauptpost* 1961 erbaut.

Gegenüber dem *Hauptbahnhof* erhebt sich das **Konzerthaus** des Berliner Architekten Dietrich Bangert (Einweihung Juni 1996). Eine „Stadt in der Stadt“ zu schaffen war die Idee dieses Großprojekts, dessen verschiedene Teilbereiche jeweils in Form von „Häusern“ mit verbindenden Kolonnaden gestaltet sind. Herzstück ist der große Saal (1800 Pl.) mit hydraulisch heb- und senkbarem Parkett; der kleine Saal, die sogenannte Trommel (300 Pl.), großzügige Foyers und diverse Tagungsräume ermöglichen eine vielseitige Nutzung. Dieses Kultur- und Kongreßzentrum wird nicht nur das

Freiburger Philharmonische Orchester aufnehmen, sondern auch neues Domizil des bisher in Baden-Baden beheimateten Sinfonieorchesters des Südwestfunks sein. Das gesamte Gebiet um den Hauptbahnhof soll einer großflächigen Neugestaltung unterzogen werden. – Am Ende der Wilhelmstraße, an der erneuerten *Schnewlinbrücke* über die Dreisam, wurden die vier steinernen Pylonen und das schmiedeeiserne Drachengitter von der alten Kronenbrücke (1900/02; im Volksmund ‚Drachen'- oder auch ‚Schwiegermutterbrücke'), Jugendstilwerke mit farbigen Wappen, wieder angebracht.

Stühlinger

Vom Hauptbahnhof erreicht man den Stühlinger, der seit 1885 offiziell so heißt, entweder südlich auf einer Überführung oder nördlich durch eine Unterführung. Der Stühlinger Kirchplatz (B 3), um 1890 als Zentrum des neuen Viertels angelegt, weist Gartenanlagen auf mit dem *Marienbrunnen* (1954; R. Engelmann) und wird von der mächtigen weiß-roten **Herz-Jesu-Kirche** beherrscht, einem zweitürmigen Bau, den der ‚Gotiker' Max Meckel 1892–97 in den Formen des rheinischen Übergangsstiles errichtet hat. An der nahen Rennerstraße der *Mälzereiturm* der ehem. Löwenbrauerei mit zwei eisernen Windhauben.

Die Verkehrsachse des Stühlingers ist die schnurgerade, sehr befahrene Eschholzstraße. Nahe der Dreisam liegen die ehem. Gaswerke und das Umspannwerk. Die erneuerte *Ochsenbrücke* trägt wieder die vier steinernen Jugendstilwerke (Ochsen, Werkleute etc.), die Ludwig Kubaneck 1908 geschaffen hat. An der Fehrenbachallee das **Technische Rathaus**.

Verkehrskreuz des nördlichen Stühlinger ist der Friedrich-Ebert-Platz, Treffpunkt von sechs Straßen und Standort der schlichten *Lutherkirche* (1929/1956). Er ist der Ausgangspunkt für das Klinikviertel.

Die **Universitätskliniken** (B, C 1) sind 1926–38 als mehrflügelige Anlage um einen großen Innenhof begonnen worden, doch ist dieser geschlossene Versorgungsring beim weiteren Ausbau nach 1945 aufgegeben und durch Einzelbauten in Parkgelände ersetzt worden. Der ursprüngliche Bauplan stammte von Baudirektor Prof. Adolf Lorenz. Von den 12 Kliniken sind 9 hier vereinigt, während die Hautklinik, die Neurologische und die Nervenklinik noch im Stadtteil Herdern verblieben sind. Freiburg hat kein städtisches Krankenhaus, sondern neben den Universitätskliniken, die 72% der Krankenbetten stellen, 5 freigemeinnützige

Krankenhäuser mit 780 Betten und 4 Privatkrankenhäuser mit 75 Betten. Im 19. Jh. lag das Klinikviertel an der Albertstraße (D 2), im 18. Jh. bestanden Krankenspitäler in der Herrenstr. 2 (Alte Sapienz) und in der Gerberau 34, wo das Haus noch steht. Das im 13. Jh. am Münsterplatz gegründete Heiliggeistspital stand dort bis 1803.

Das Universitätsklinikum ist ein Krankenhaus der Maximalversorgung mit 2000 Betten und erfüllt neben der Krankenversorgung auch Aufgaben in Forschung und Lehre der Universität, der 12 weitere Akad. Lehrkrankenhäuser in der weiteren Umgebung Freiburgs angeschlossen sind.

Vom Friedrich-Ebert-Platz ausgehend hat man auf der Anhöhe zur Rechten die aus drei Häusern bestehende Kinderklinik; in Richtung Friedhof liegen die *Zahn- und Kieferklinik* (1956–60), ein Bau mit Brunnenhof, die *Neurochirurgische Klinik* und die *Robert-Koch-Klinik* (Tbc.) sowie der 1986 fertiggestellte Neubau der *Chirurgischen Klinik mit Ambulanz*. Die Hugstetter Straße führt zwischen Lutherkirche und Klinikverwaltung hin und durch einen gewölbten Portalbau in den großen Klinikhof (1926–31 von Baudirektor Adolf Lorenz), an dem rechts der ältere Bau der Chirurgischen Klinik und die *Medizinische Klinik* liegen, links die *Frauenklinik* (1938) und – als Abschluß geplant, aber als Hochhaus frei im Gelände gebaut – die *Hals-Nasen-Ohrenklinik* und *Augenklinik* (1960–64). Ein Neuro-Zentrum und eine Klinik für Tumorbiologie sind im Bau.

Hinter der Chirurgischen Klinik liegt die kath. *Heiliggeistkirche* (1954; H. Linde), ein sehenswerter Ovalbau aus gelbem Backstein mit hölzerner Kassettendecke, umlaufendem Fensterband und Empore für Krankenbetten; in der Altarwand ausgedehntes Figurenmosaik.

Der **Hauptfriedhof** (C 1), 1872–99 angelegt, ist von einer hohen Mauer umzogen, die man durch einen dreibogigen Portalbau durchschreitet. Im Zentrum der Hauptachse steht die *Aussegnungshalle*, ein prunkvoller Kuppelbau in Neurenaissanceformen. Vor ihr liegt die große *Gedenkstätte* für die 2242 Opfer des Luftangriffes vom 27. Nov. 1944, von denen 1664 hier beigesetzt sind. Der Grabhügel ist im Viereck von 50 Sandsteinplatten eingefaßt, darauf die Namen sowie christliche Symbole, Sinnbilder und ein Gerichtsengel mit dem Wort ‚Gedenket der Toten, verwandelt euch' (Reinhold Schneider). An Heiligabend blasen von der Aussegnungshalle herunter die Posaunen.

Hinter der Halle liegt der *Ehrenfriedhof* für die Teilnehmer beider Weltkriege, darunter die Heerführer General Max und Werner von Gallwitz, Vater (†1937) und Sohn (†1944). Im Zentrum des halbkreisförmigen Gräberfeldes das *Ehrenmal*, eine bronzene Frauenfigur mit Stahlhelm, ausgebreitetem Schild und gesenkter Fahne (K. Albiker). Dahinter die Ruhestätte katholischer Pfarrgeistlicher und Theologen, ein Rosenbeet, von einer Ringmauer umzogen, daran die Grabtafeln. An der Nordmauer das *Krematorium*.

Auf dem Hauptfriedhof (27 ha) liegen etwa 120000 Menschen; ca. 1000 kommen jährlich hinzu. Namhafte Verstorbene sind; die Reichskanzler Konstantin Fehrenbach (†1926) und Joseph Wirth (†1956), der südbadische Staatspräsident Leo Wohleb (†1955), die Schriftsteller Emil Gött (†1908), Rudolf Binding (†1938), Hermann Busse (†1947), der Caritasgründer Lorenz Werthmann (†1921), der Komponist Franz Philipp (†1972), der Pathologe Ludwig Aschoff (†1942), der Chemiker Hermann Staudinger (†1965), der Bergfilmregisseur Arnold Fanck (†1974), der Verleger Karl Friedrich Baedeker (†1979).

An den Hauptfriedhof grenzt nordöstlich der große *Güterbahnhof*, zwischen dessen Gleisen eine ehem. Lokomotivwerkstatt steht, ein imposanter Backsteinbau von 1905.

Nordwestlich des Hauptfriedhofes liegt jenseits der Bahnlinie der **Flugplatz,** der 1974/75 als Verkehrslandeplatz durch Anlage einer 1240 m langen Rollbahn mit Tower neu gestaltet wurde. Benutzt wird er vom Sport-, Charter- und gewerblichen Luftverkehr und von den Fallschirmspringern; die Segelflieger wurden 1975 auf den neuen Flugplatz Kirchzarten-Oberried verlegt. Dieser alte Freiburger Exerzierplatz wurde schon 1911 von Flugzeugen benutzt und spielte 1925–39 eine namhafte Rolle im Flugverkehr. Der ‚Breisgauverein für Luftfahrt' besteht seit 1907.

Vor dem anschließenden Mooswald, der Freiburg als Waldgürtel in der Breisgauer Bucht abschließt, liegt der alte, jetzt rekultivierte Müllberg Wolfswinkel. Nahebei westlich ein Waldsportpfad und ein Rundwanderweg. Die Freiburger Westtangente führt nördlich vom Flugplatz vorbei.

Mooswald

Von den Kliniken führt die Elsässer Straße nordwestlich durch den ganz regelmäßig angelegten Stadtteil Mooswald. Rechts am Rosbaumweg liegt der kleine *Israelitische Friedhof* (1870), den man nur mit Kopfbedeckung betreten kann. Die Israelitische Gemeinde, heute ca. 150 Seelen, zählte 1933 ca. 1200 Seelen. Juden sind in Freiburg seit 1281 nachweisbar, doch sind sie im 14. und 15. Jh. wieder aus dem Breisgau vertrieben worden. 1808 erhielten sie in Baden staatsbürgerliche Rechte, erst 1862 volle Gleichberechtigung. Die Synagoge (S. 62) wurde 1938 zerstört. In der Engelstraße, hinter der Stadtbibliothek, wurde 1987 eine neue Synagoge eröffnet (s. S. 42).

Zwischen der Ensisheimer Straße und der Sundgauallee ist rund um den großen Baggersee eines Kieswerkes zur Landesgartenschau 1986 ein großer *Seepark* entstanden, der vielfältige Freizeitmöglichkeiten und Erholung bietet. Am Westrand des Sees das neue *Bürgerhaus* für die westl. Stadtteile. Daneben bestehen bereits das *Weststadion,* die auffällige *Eissporthalle,* das *Freibad,* die *Tennishalle* und die *Kegelsporthalle.* Das *Hallenbad* (1977) ist für internationale Wettbewerbe ausgelegt (50 m Bahn).
Die Kirchen der Mooswaldsiedlung sind die ev. *Markus-Kirche,* ein Betonbau von 1966 und die kath. *Heilige-Familie-Kirche.* Am Waldrand das neue *Fernmeldezentrum für den Weitverkehr* (1968–73) der Bundespost, kenntlich an dem schlanken, 60 m hohen Richtfunkturm, der wie ein großer Taubenschlag aussieht. 200 Fachkräfte arbeiten dort.

Landwasser

Ganz in den Mooswald hineingebaut ist die neue Großsiedlung Landwasser, in der 10000 Menschen wohnen. Sie erstreckt sich auf einem Gebiet von 1500 m nordsüdlicher Länge, im Westen vom Lehener Berg, im Norden vom *Moosweiher*, einem Baggersee, begrenzt. Die Hochhäuser und Einfamilienhäuser sind alle als Betonbauten errichtet, Verkehrsträger ist die Auwaldstraße. In der Mitte die beiden Kirchen, das Ladenzentrum und ein Hotelrestaurant; zwischen Ladenzentrum und Moosweiher das Kommunale Rechenzentrum. Die groteske rote *Figurengruppe* (der ‚rote Otto‘) an der Ortseinfahrt schuf E. Rau (1973), die drei weißen Marmorkugeln *Raumklänge* vor der Schule H. G. van Look (1970). Am Nordrand des Moosweihers das *Tierhygienische Institut* (1970) in einer Reihe von Backsteinbauten. Weiter östlich erinnert nahe bei der Breisacher Bahn ein *Kruzifixus* an die 63 Opfer eines Eisenbahnunglückes im Jahre 1885. Auf der Nordseite der Ausfallstraße das Diakoniekrankenhaus (Wirthstr. 11).

Hochdorf

3 km nordwestlich von Landwasser durch Mooswald und Autobahn von der Stadt getrennt, liegt das bereits 772 erwähnte und 1973 eingemeindete Hochdorf, mit über 3100 Einwohnern und 1010 ha Gemarkung (336 ha Wald) der nördlichste Stadtteil.

Die barocke **St.-Martins-Kirche** (1712 bis 1717), die 1973–75 gut restauriert wurde, ist im Kern noch spätgotisch und erhielt ihren seitlichen Turm mit dem mehrfach geschweiften Helm erst 1767.

Im Innern findet man an der Südwand ein Wandbild (um 1500) mit den ersten vier der Zehn Gebote; nahebei noch ein gotisches Fensterchen von der zweiten der insgesamt drei Vorgängerkirchen aus Stein. Die Kanzel (1768) krönt eine Paulusfigur. Von den Barockaltären zeigt der linke Maria auf der Weltkugel, Adam und Eva, die Schlange und den Baum der Erkenntnis, der rechte Seitenaltar (1740; Benedikt Gambs) die Bitte der Pestkranken an den heiligen Sebastian um die Fürbitte Christi bei Gott. Im Hochaltar (1767) ein Bild des heiligen Martin. Die schöne Taufe ist mittelalterlich, das dunkle Vortragekreuz wurde um 1600 geschaffen. In den anmutigen Orgelprospekt (1804; Xaver Bernauer aus Staufen) wurde 1975 ein neues Werk eingesetzt (Orgelkonzerte). Auf dem Kirchhof ein Steinkreuz von 1743.

Benzhausen

Noch dörflich ist der 1 km nördlich gelegene Ortsteil Benzhausen mit einer stattlichen Linde im Zentrum und der kleinen spätgotischen *St.-Agathenkapelle.* Der dunkel gefaßte Altar wurde um 1711 für das Freiburger Münster gefertigt, kam aber 1820 hierher. Die Holzfiguren der hl. Agatha, einer der Legende nach im 3. Jh. in Sizilien auf Geheiß Kaiser Diocletians hingerichteten Märtyrerin, und der Hl. Agnes sowie das Bild einer Marienkrönung entstammen dem 17. Jahrhundert. Bei der Renovierung (1973) kam hinter dem Altar das Fresko einer Verkündigung (um 1570) zutage.

Der **Tunisee** (Hotel-Rest. Breisgau; Campingplatz) östlich der Autobahn entstand als eine mit Grundwasser gefüllte Kiesgrube und ist zusammen mit dem kleineren *Silbersee* im Sommer ein beliebter Badesee. Ein etwas südlich davon gelegenes, 125 ha großes Areal wird als Gewerbegebiet genutzt.

Bischofslinde

Die zweite Ausfallstraße vom Stühlinger nach Westen ist die Achse Lehener Straße/Sundgauallee. Im Anschluß das *Berufs-*

schulzentrum (Gewerbeschule I) und die Staatl. Meisterschule für Bildhauer und Steinmetze, eine von 5 Meisterschulen im Bundesgebiet sowie die Kreisbildstelle. Dahinter der *Gartenschlauch*, ein Werk von C. Oldenbourg (1983). Das Zentrum des neuen Stadtteils Bischofslinde bietet der Wolfgang-Hoffmann-Platz, den die Berliner Allee überquert. Hier entstand ein neues Zentrum für Landes- und Bundesbehörden. Die in Backstein gut gestaltete *Oberpostdirektion* ist ein Werk des Münchener Architekten W. v. Branca (1974). Der 135 m lange Bau gefällt durch seine weiche Linienführung, die roten Klinkerfassaden und die Einbettung in Grün. Dem neungeschossigen Hauptbau sind niedrige Terrassenbauten für Kantine und Küche, die Fernmeldeschule und das Präsidialbüro vorgelagert. Ihm südlich gegenüber stehen die neue *Landespolizeidirektion* und das *Flurbereinigungsamt.*

Die kath. St.-Albert-Kirche (1969; E. Heine) ist ein Sechseckbau mit eingeschobenem Kreis, darüber eine von 16 Pfeilern getragene Kuppel und 16 königsblaue Dreiecksfenster, das Ganze an eine Krone erinnernd. Eine kleine Kapelle davor enthält das *Bischofskreuz*, ein verwittertes Sühnekreuz aus rotem Sandstein. An dieser Stelle wurde 1299 der Bischof von Straßburg, der dem Grafen von Freiburg, seinem Schwager, in einer Fehde gegen die Bürger beigesprungen war, von einem Freiburger Metzger im Gefecht vom Pferde gestochen; seitdem hat die Metzgerzunft in der Fronleichnamsprozession den Vortritt.

Rechts zwischen Sundgauallee und dem *Seepark* die locker angelegte **Studentensiedlung,** in deren Hochhäusern 700 Studenten wohnen. Auch Familienwohnungen für Assistenten und Professoren sowie ein Gästehaus für ausländische Professoren (‚Humboldt-Haus‘) sind vorhanden.

Betzenhausen

Links der Straße folgt der dörfliche Kern des Stadtteils Betzenhausen, das als Dorf schon 972 genannt, 1909 eingemeindet wurde. Die schlichte alte Kirche hat eine Barockausstattung. Nahe am Dreisamufer seit 1965 die große metallene Kugel für die Ferngasversorgung Freiburgs, die 120000 cbm faßt.

Lehen

Seit 1971 zu Freiburg gehört auch das dann folgende Dorf Lehen, das 1179 zuerst urkundlich genannt wird. Es liegt an der Südspitze des 1500 m langen *Lehener Berges* (257 m), dessen Osthang

Weinberge einnehmen; die kleine Aussichtswarte oben ist geschlossen. Hübscher Blick auf Freiburg. Die kath. *Pfarrkirche* hat einen markanten Zwiebelturm neben dem Chor und eine schmucke bäuerliche Barockausstattung. Der Lehener Feldhüter Joß Fritz gründete den ‚Lehener Bauernschutz' und zettelte 1513 und 1517 die ersten Bauernaufstände am Oberrhein an. Die ‚Joß-Fritz-Stube' im Gasthaus Hirschen bewahrt Erinnerungen an ihn. Neu ist die *Bundschuhhalle.*

Von Lehen über Dreisam und Autobahnzubringer hinweg führt eine Straße zum **Tiergehege Mundenhof** (6 ha), das 1968 bei einem Versuchsgut dieses Namens an der Nordspitze der Rieselfelder angelegt wurde. Schwarz-, Rot-, Damwild, Wolf, Braunbär, Bison, Kamel, verschiedene Rinderarten, Zwergziegen, Mufflons, Luchse, Schakale, Affen, Reitponys, Wasservögel und andere Tiere sowie ein Aquarium sind vorhanden. Auf dem *Stadtgut Mundenhof* (270 ha) werden die Freiburger Rieselfelder ausgenützt. Auf dem Rieselfeld entsteht ein neuer Stadtteil für 12 000 Menschen.

6. Die Stadtteile am Tuniberg

Verkehrsverbindungen: Straßen: auf der B31 von Freiburg-St. Georgen über Tiengen nach Munzingen, 8 km; auf der K56 von Freiburg-Haslach nach Opfingen, 8 km; auf dem Autobahnzubringer über das Autobahnkreuz Freiburg-Mitte nach Umkirch, von dort auf der L116a nach Waltershofen (10 km) oder auf der L115 nach Gottenheim (10 km).
Postbus: von Freiburg über Haslach nach Opfingen – Tiengen – Munzingen (Erentrudiskapelle) – Niederrimsingen.
Stadtbuslinie: 32 vom Hbf. – Waltershofen – Gündlingen.
Eisenbahn: Gottenheim an der Nordspitze des Tunibergs ist Station der Bahnen nach Breisach und zum Kaiserstuhl.

Durch die Verwaltungsreform wurden 1971/73 die am Ostrande des Tuniberges gelegenen Dörfer Munzingen, Tiengen, Opfingen und Waltershofen, die schon seit dem 7.–9. Jh. bestehen, zu Freiburg eingemeindet. Das Stadtgebiet Freiburgs nahm dadurch an Umfang erheblich zu, die Gemarkungsgrenze ist über 96 km lang und nur noch 3 km vom Rhein entfernt. Sein tiefster Punkt liegt nun mit 196 m bei Waltershofen, der höchste mit 1284 m auf dem Schauinsland. Vergrößert hat sich auch das im Ertrag stehende Freiburger Rebland von 75 ha auf 694 ha, so daß Freiburg nun mit Baden-Baden und Stuttgart an der Spitze der weinbautreibenden Städte der Bundesrepublik steht.

Der **Tuniberg** (316 m), ist ein 10 km langer, lößbedeckter Höhenrücken in der Freiburger Bucht, 10 km westlich der Stadt vor

Breisach und dem Rhein gelegen. Der Name Tuni ist keltisch und bedeutet Zaun (= dun). Sein schmaler, nur 3,5 km breiter Rücken fällt von Süden nach Norden um etwa 90 m ab, ist meist terrassiert und dient dem Ackerbau, dem Weinbau und Obsthainen. Der Tuniberg ist auch bekannt für den feinen, weißköpfigen Spargel, der jeden Frühsommer Gourmets und Schlemmer in die Landgasthöfe der Tuniberggemeinden lockt. Die Ostseite erhebt sich nur 20–30 m über dem Mooswald, der den Schotterfächer der Dreisam überzieht, die westliche Steilkante ragt etwa 100 m aus der Ebene auf. Im Süden bildet die ca. 20 m hohe ‚Mengener Brücke' die Verbindung zu den Schwarzwaldvorbergen Batzenberg und Hohfirst. Im Charakter ist der Tuniberg ähnlich dem ungleich mächtigeren Kaiserstuhl, doch weniger abwechslungsreich.
Die Lage über der vormals sumpfigen Ebene, die Lößdecke und das warme Klima haben seit je Menschen zur Siedlung angelockt. Spuren altsteinzeitlicher Siedler wurden bei Munzingen entdeckt, Grabfunde bei Gündlingen vor dem Westfuß des Berges haben zum Begriff ‚Gündlinger Stufe' Anlaß gegeben.

Munzingen

Munzingen (209 m), ein Dorf von 1500 Einwohnern, liegt nahe der Südspitze des Tuniberges, die von der Erentrudiskapelle gekrönt ist. Der schon 845 erwähnte Ort hat 160 ha Rebland und ist bekannt für seinen guten Spätburgunder und auch Gewürztraminer sowie für seinen ausgezeichneten Spargel.

Das *Rundtürmchen* (1582) mitten im Dorf ist der Rest einer viertürmigen Wasserburg, die 1632 von den Schweden zerstört worden ist. Nachfolger wurde das 1672 von den Freiherrn von Kageneck am Berghang erbaute und von ihnen heute noch bewohnte **Schloß,** ein stattlicher hoher Bau in gelber und roter Färbung, der 1767 im Rokokostil erneuert und außen mit hübschem Stuckzierat versehen wurde. Über dem Hofportal erinnert eine lat. Inschrift daran, daß Ludwig XV. von Frankreich 1744 hier einige Wochen bei der Belagerung Freiburgs Quartier nahm.
Die kath. *Pfarrkirche* (St. Stephan) hat noch einen typischen Markgräflerturm von 1619, ist innen aber barock ausgestattet. Die Bilder der beiden Seitenaltäre malte 1767 Simon Göser. An der Südwand außen die Grabplatten der Familie von Kageneck.
Im Dorf ein schöner großer *Gutshof* mit Torwappen von 1749.
Vom Dorf führt ein 500 m langer Fahrweg hinauf auf den *Kapellenberg*. An seiner steil abfallenden Ostseite fand sich im

Löß eine ca. 10000 Jahre alte Rentierjägerstation. Auf dem höchsten Punkt (314 m) westlich der Kapelle fand man an der Rheinseite ein Dorf der Jungsteinzeit, das durch Wall und Graben gesichert war.

Die **Erentrudiskapelle** (272 m), die nachts angestrahlt wird, ist 1716 auf mittelalterlichen Grundmauern neu erbaut worden und wurde bis ca. 1850 von Einsiedlern betreut. Die hl. Erentrudis war die erste Äbtissin des 690 gegründeten Klosters Nonnberg in Salzburg. Altarbild von E. Ries (1952). Die *Aussicht umfaßt den Schwarzwald vom Elztal mit dem Kandel bis zum Belchen und Blauen bei Badenweiler, ferner die Freiburger Bucht mit dem Mooswald, die Niederterrassen des Rheins und den Kaiserstuhl.

1 km nördlich steht am Höhenweg seit 1969 der *Weinstock*, ein hoher, reich skulptierter Bildstock aus Kalkstein. Der bei der Rebflurbereinigung geschaffene Tuniberg-Höhenweg verbindet die anliegenden sechs Dörfer zu einer Winzergemeinschaft. Er gewährt Ausblicke nach beiden Seiten.

Tiengen

Tiengen (218 m), schon 888 als Dorf ‚Tuginga' erwähnt, liegt am Ostrand des Tuniberges und hat heute 2900 Einwohner. Die drei breit ausladenden Hügelhäuser vor dem Ostrand des Dorfes zeigen die Bedeutung als Wohnvorort Freiburgs. Der Orstkern ist noch dörflich.

Die ev. **Pfarrkirche** steht frei auf dem einst befestigten Kirchenhügel südöstlich des Dorfes und bietet vom Kirchhof weiten Ausblick. Kirchenschlüssel im Pfarrhaus erhältlich. Der Turm stammt von 1516, Schiff und Chor wurden 1751 umgebaut und dabei erweitert. Beachtenswert sind die bemalte Kassettendecke, der alte Taufstein und ein Epitaph von 1783. Zertrümmert wurde bei der Renovierung von 1975 die Grabplatte eines noch immer mißliebigen Frhrn. von Wangen (16. Jh.).

Opfingen

Der 1006 zuerst erwähnte, 1971 eingemeindete Vorort (232 m) mit 4000 Einwohnern ist noch ein richtiges Dorf mit 40 Bauernhöfen,

226 ha Rebfläche (‚Opfinger Sonnenberg', Spätburgunder), 10 ha Spargelfeldern. Im Zuge einer bundesweiten Sanierungspolitik wurden 1962/63 23 Höfe in die Umgebung ausgesiedelt.
Im Ortskern das stattliche **Rathaus** von 1790 mit Weinprobenkeller; nahebei das *Alte Pfarrhaus*, ein hoher Fachwerkbau von 1559 mit weit vorkragendem Dach. Auf der Höhe darüber die ev. *Pfarrkirche*, die 1778 als schlichter Saalbau neu aufgeführt wurde, so daß der vom Mittelalter verbliebene Turm sehr bescheiden aussieht. In der Raiffeisenstr. 11 zeigt das *Puppenmuseum* seltene Stücke und Puppenstuben. Im nördlichsten Dorfteil St. Nikolaus findet man in der Ebene vor dem Mühlbach das sog. *Weiherschloß*, auch Badhof genannt, das wohl aus dem 15. Jh. stammt.

Waltershofen

Waltershofen (209 m), ein Dorf mit 1800 Einwohnern und 100 ha Rebland ist als Wohnvorort beliebt. In dem *Gasthaus zum Adler*, einem Fachwerkbau von etwa 1600, befindet sich eine Heimatstube. Die hochgelegene *Pfarrkirche* wurde 1818/19 aus den Steinen der abgebrochenen Kirche von Wippertskirch erbaut. An der Straße nach Merdingen findet man 1500 m außerhalb den *Wippertskircher Hof* (18. Jh.), den einzigen Überrest des ältesten Kirchspiels am Tuniberg, das seit der fränkischen Zeit bestand und dem Kloster Schuttern bei Lahr gehörte. Am Hoftor dessen alter Wappenstein.

REGISTER

Adelhauser Kloster 58
Akademie für Bildende Künste 83
Albertus Magnus Denkmal 66
Alter Friedhof 76
Annakirche 89
Auferstehungskirche 87
Augustinermuseum 55

Bahnhof 98
Basler Hof 40
Benzhausen 103
Bergäcker Friedhof 84
Berghauser-Kapelle 98
Bertoldsbrunnen 39
Bertoldstraße 59
Berufsschulzentrum 104
Betzenhausen 104
Bischofslinde 103
Bismarckturm 73
Botanischer Garten 81
Breisacher Tor 64
Brühl 82

Caritasverband 79
Carl-Schurz-Haus 88
Colombipark 66
Colombischößle 66

Deutschordenskommende 54
Dreifaltigkeitskirche 84
Dreisam 88

Ebnet 86
Ebneter Schloß 86
Ehrenmal 101
Erentrudiskapelle 107
Erzbischöfliches Ordinariat 51
Erzbischöfliches Palais 43

Fasnetbrunnen 66
Fischbrunnen 42
Fischerau 58
Flugplatz 101
Franziskanerkloster 90
Freiburger Münze 51
Friedrichsbau 88

Georgsbrunnen 42
Gerberau 58
Gerichtslaube 70
Gewerbeschulen 72, 89
Grabkapelle für Maximilian Dortu 83
Greiffeneggbrücke 83
Greiffeneggschlößle 53
Günterstal 91

Haslach 94
Hauptbahnhof 98
Hauptfriedhof 100
Hauptpost 98
Haus an der Mehlwaage 65
Haus zum Dachs 58
Haus zum Herzog 54
Haus zum Landeck 51
Haus zum Walfisch 71
Haus zur Lieben Hand 63
Haus zur Sichelschmiede 57
Heilige-Familie-Kirche 102
Heiliggeistkirche 100
Heiliggeistspital 78
Heiligkreuzkapelle 62
Heimatmuseum Schniederlehof 93
Herdern 81
Herz-Jesu-Kirche 99
Hildaturm 90
Hochdorf 102
Hofsgrund 93
Horben 92

Innsbrucker Kreuz 91
Insel 57
Israelitischer Friedhof 101

Jesuitenschloß 97
Jugendherberge 85

Kaiser-Joseph-Straße 40
Kaiserbrücke 88
Kappel 87
Karlsbau 72
Karlskaserne 41
Karlssteg 72
Kartause 85
Kartoffelmarkt 71
Kaufhaus 43
Klostertor 91
Konviktskirche 51
Konzerthaus 98
Kornhaus 42
Kriegerdenkmal 73
Kronenbrücke 94
Kybburg 91
Kybfelsen 87, 91

Landespolizeischule 95
Landgericht 54
Landwasser 102
Langackern 92
Lehen 104
Leo-Wohleb-Brücke 83
Liebfrauenkirche 91
Littenweiler 87
Lorettoberg 89
Lorettokapelle 90
Ludwigskirche 78
Lutherkirche 99

Mahnmal für die NS-Opfer 66
Mariahilfkirche 83
Marienbrunnen (Stühlinger) 99
Markus-Kirche 102
Martinstor 59
Matthias-Claudius-Kirche 91
Max-Planck-Institut 90
Melanchtonkirche 95
Merian-Sautiersches Haus 41
Merzhausen 96
Militärarchiv 95
Mooswald 101
Moosweiher 102
Mormonenkirche 95
Möslepark 84

Möslestadion 84
Mundenhof 105
Münsterbauhütte, Alte 51
Münsterbauhütte, Neue 52
Munzingen 106
Museum für Naturkunde 58
Museum für Neue Kunst 57
Museum für Stadtgeschichte 44
Museum für Ur- und Frühgeschichte 67
Museum für Völkerkunde 58
Musikhochschule 84
Münster 44
Mutterhauskirche 79

Neptunbrunnen 40
Neuburg 72
Notschrei 93

Oberau 83
Oberlinden 54
Oberpostdirektion 104
Ochsenbrücke 99
Ölmühle 57
Opfingen 107

Pädagogische Hochschule 87
Peterhof 62
Pfarrkirche Ebnet 86
Pfarrkirche Horben 92
Pfarrkirche Kappel 87
Pfarrkirche Lehen 105
Pfarrkirche Munzingen 106
Pfarrkirche Opfingen 108
Pfarrkirche Tiengen 107
Pfarrkirche Waltershofen 108
Planetarium 72

Rathaus, Altes 70
Rathaus, Neues 69
Rathaus, Technisches 99
Rathausbrunnen 67
Rau-Brunnen 71
Raufbubenbrunnen 66
Rotteck-Denkmal 62

Salzstraße 54
Schauinsland 92
Schauinslandbahn 92
Schloß Munzingen 106
Schloßberg 73
Schneckenvorstadt 57
Schnecklereiterbrunnen 67
Schneeburg 98
Schnewlinbrücke 99
Schönberg 97
Schwabentor 53
Schabentorbrücke 83
Schwabentorsteg 53
Schwarz-Denkmal 67
Schwarzes Kloster 66
Schwarzwald City 71
Sebastianbrunnen 89
Siegesdenkmal 41
Stadtarchiv 56
Stadtbibliothek 42
Stadtgarten 72
Stadthalle 83
Stadttheater 65
St. Agathenkapelle 103
St. Albert-Kirche 104
St. Andreaskapelle 42
St. Andreas-Kirche 95
St.-Barbara-Kirche 87
St.-Blasius-Kirche 82
St.-Gallus-Kirche 96
St. Georgen 95
St.-Georgs-Kirche 95
St.-Johannes-Kirche 89
St.-Martins-Kirche 68
St.-Martins-Kirche (Hochdorf) 103
St.-Michaelskapelle 78
St.-Michaels-Kirche 94
St. Ottilien 85
St.-Peter und Pauls-Kirche 95
St.-Urban-Kirche 81
St. Valentin 91
St.-Wendelinskapelle 85
Studentensiedlung 104
Stühlinger 99
Synagoge 42, 62, 102

Thermalbad 96
Tiengen 107
Tuniberg 105
Tunisee 103

Universität 59, 90
Universitätsbibliothek 65
Universitätskirche 61
Universitätskliniken 99
Ursulinenkirche 66

Vertriebenendenkmal 66
Volksliedarchiv 90

Waldsee 84
Waltershofen 108
Weiherschloß 108
Weinbauinstitut 96
Wenzingerhaus 44
Wiehre 88
Wildpark Steinwasen 94
Wippertskirchen Hof 108

Zähringen 82
Zähringerburg 82
Zinnfigurenklause 53

Baedekers

Allianz Reiseführer

Städte in aller Welt

Amsterdam
Athen
Bangkok
Barcelona
Berlin
Brüssel
Budapest
Dresden
Düsseldorf
Florenz
Frankfurt am Main
Hamburg
Hongkong
Istanbul
Jerusalem
Köln
Kopenhagen
Lissabon
London
Madrid
Moskau
München
New York
Paris
Potsdam
Prag
Rom
San Francisco
St. Petersburg
Singapur
Stuttgart
Tokio
Venedig
Wien

Regionen · Inseln · Flüsse

Andalusien
Bodensee
Burgund
Costa Brava
Deutsche Weinstraße
Elbe
Florida
Gran Canaria
Griechische Inseln
Harz
Hawaii
Ibiza
Ischia
Kalifornien
Korsika
Loire
Mallorca
Malta
Provence/Côte d'Azur
Rhein
Ruhrgebiet
Sardinien
Schwäbische Alb
Seychellen
Sizilien
Südtirol
Teneriffa
Tessin
Toskana
Türkische Küsten
Zypern

Reiseländer · Großräume

Ägypten
Asien
Belgien
Dänemark
Deutschland
Deutschland/Ost
Deutschland/West
Frankreich
Griechenland
Großbritannien
Irland
Israel
Italien
Japan
Jugoslawien
Kanada
Karibik
Luxemburg
Marokko
Mexiko
Mittelmeer
Niederlande
Österreich
Polen
Portugal
Schweiz
Skandinavien
Spanien
Thailand
Tschechische Republik/Slowakische Republik
Tunesien
USA

Baedekers

Ihr Stadtführer

Programm

Augsburg	001
Bamberg	002
Basel	090
Berlin (kleine Ausgabe)	004
Berlin (große Ausgabe)	101
Bonn	066
Bremen/Bremerhaven	060
Darmstadt	083
Freiburg	010
Hannover	058
Heidelberg	013
Konstanz	062
Leipzig	025
Lübeck	019
Mainz	074
Mannheim	021
Nürnberg	024
Regensburg	026
Trier	030
Wiesbaden/Rheingau	076